IMPRESSUM

Math. Lempertz GmbH
Hauptstraße 354
53639 Königswinter
Tel.: 02223 / 90 00 36
Fax: 02223 / 90 00 38
info@edition-lempertz.de
www.edition-lempertz.de

© 2018 Mathias Lempertz GmbH

Alle Rechte vorbehalten. Ohne ausdrückliche Genehmigung des Verlages ist es nicht gestattet, das Buch oder Teile daraus zu vervielfältigen oder auf Datenträger aufzuzeichnen.

Dieses Kochbuch wurde nach bestem Wissen und Gewissen verfasst. Weder der Verlag noch die Autorin tragen die Verantwortung für ungewollte Reaktionen oder Beeinträchtigungen, die aus der Verarbeitung der Zutaten entstehen.
Der Markenname „Thermomix®" ist rechtlich geschützt und wird nur als Bestandteil der Rezepte verwendet. Für Schäden, die bei der Zubereitung der Gerichte an Personen oder Küchengeräten entstehen, wird keine Haftung übernommen. Bitte beachte die Anwendungshinweise der Gebrauchsanweisung deines Thermomix®-Gerätes.

 www.facebook.com/MIXtippRezepte

Titelbild: Fotolia
Lektorat: Edition Lempertz, Christina Meuser
Layout/Satz: Bruno Dias
Druck und Bindung: Print Consult GmbH, München
Printed and bound in Austria

ISBN: 978-3-96058-245-8

Bildnachweis:
© Eva Weigelt © Edition Lempertz
© Stockfood: Björn Lülf, fotografie-lucie-eisenmann, Eising Studio – Food Photo & Video, PhotoCuisine, Tanja Major, Ulrike Koeb, Jo Kirchherr, Malgorzata Laniak, Jörn Rynio, Martina Urban, Foodcollection, Grossmann.Schuerle, Ulrike Holsten, Rua Castilho, Klaus Arras, Hanah Kompanik
© Fotolia: Kitty, aksinya1991, Ideenkoch, ExQuisine, KatrinaEra, bilderhexchen, kab-vision, beats_, HLPhoto, teleginatania, twomeerkats, Heike Rau, Jenny Sturm, Natalia Lisovskaya, yakovlevadaria, Павел Герасименко, Tanja, blende40, Sławomir Fajer, maria_lapina, Edalin, ALF photo, iconshow, artinspiring, foxyliam, koffiekup, fotofrank, ヨーグル, Sofia Apkalikova, Halfpoint, Ingo Bartussek, vadiar, Johannes Rigg, Menta, Stefan Körber, JackF, Jacob Lund, Denis, Rawpixel.com

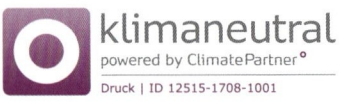 

Herausgegeben von  Antje Watermann

EVA WEIGELT

Landfrauen- GERICHTE

Traditionelle Rezepte aus dem Thermomix®

LEMPERTZ

INHALT

Vorwort 6
Einleitung 8

FRÜHLING

Löwenzahnhonig 18
Waldmeistersirup Grüner Sauser 20
Forellencremesuppe 22
Evas Festtagsgrießklöße 24
Spargelflammkuchen vom Niederrhein 26
Rinderrouladen 28
Grießnocken mit Rhabarberkompott 30
Omas Weinschaum 32
Ingwer-Orangen-Bundkuchen 34
Münsteraner Buttermilchbrot 36

SOMMER

Stachelbeer-Curd 40
Pfälzer Zucchini-Relish 42
Hühnerlebercreme 44
Kichererbsen aus dem Eis 46
Bollo Tomato 48
Schmorgurken-Fisch-Topf 50
Kalte Kuh 52
Zwetschgenkompott mit Quarkcreme 54
Überbackener Pfannkuchenauflauf 56
Elsässischer Kirschauflauf 58
Quetschetaat 60
Sächsische Prasselschnitten 62
Westfälisches Möhrenbrot 64

HERBST

Pastinakencremesuppe	68
Badischer Butternutkürbissalat	70
Birnen-Käse-Tartelettes	72
Völklinger Zwiebelkuchen	74
Kürbis mit Mettbällchen	76
Rehmedaillons mit Spitzkohl und Cranberrysauce	78
Schmorfleisch auf Burgunder Art	80
Zander mit Rahmsauerkraut und Kartoffelpüree	82
Schoko-Espresso-Pannacotta	86
Kürbiskuchen	88

WINTER

Markklößchen	92
Bergkäseknödel	94
Käsefondue	96
Niedersächsischer Kartoffelauflauf	98
Malzbiergulasch	100
Kabeljau mit Senfsauce und Pellkartoffeln	102
Bratenaufstrich	104
Kartoffelstangen	106
Birnen-Spekulatius-Crumble	108
Landfrauenkaffee	110

VORWORT

„Die Pflege von Traditionen ist nicht einfach ein stures Festhalten an Altem – es ist nicht das Aufbewahren von Asche, sondern das Aufrechterhalten einer Flamme." *(unbekannt)*

LANDFRAUENGERICHTE

VORWORT

Liebe Thermomixfreunde,

besonders Landfrauen halten die Flamme alter Traditionen aufrecht und bewahren sie für künftige Generationen. Sie leben im Kreislauf mit der Natur, den Jahreszeiten und dem Kirchenjahr. Indem sie nachhaltig wirtschaften bringen sie Tieren und Umwelt Respekt und Achtung entgegen. Landfrauengerichte zeichnen sich dabei durch einfache, aber schmackhafte Speisen aus, die immer auch einen gewissen Pfiff mitbringen. Unsere Autorin Eva Weigelt hat hier über 40 Gerichte, die euch diese Gaumenfreuden nahebringen, auf die Jahreszeiten abgestimmt.

Vorräte anzulegen und Reste aufzuwerten ist in der Landfrauenküche ganz natürlich. Der bewusste Einkauf von regionalen Produkten ist ebenfalls selbstverständlich, denn das reduziert Transportwege und schont so die Umwelt. In der entsprechenden Saison sind Obst und Gemüse besonders aromatisch und preiswert, das lädt geradezu dazu ein, Vorräte zu bilden. Mithilfe des Saisonkalenders findet ihr die besten Zeiten für verschiedene Früchte und Gemüse heraus. Außerdem ist auch an den jahrhundertealten Bauernregeln, die ihr bei manchen Rezepten findet, durchaus etwas Wahres dran.

Bei aller Liebe zur Tradition gehören Helferlein wie der Thermomix® aber zur modernen Landfrauenküche unbedingt dazu, denn sie sparen Zeit. Wie gewohnt könnt ihr also alle Rezepte in diesem Buch sowohl mit dem TM5® als auch mit dem TM31® zubereiten.

Viel Freude beim Entdecken und Genießen wünscht euch

Herausgeberin, Edition Lempertz

LANDFRAUENGERICHTE

Landfrauen-GERICHTE

Traditionelle Rezepte aus dem Thermomix®

Fast jedes Obst und Gemüse ist nahezu das ganze Jahr über im Handel verfügbar. Wer jedoch saisonal einkauft, erhält nicht nur beste Qualität, sondern schont auch den Geldbeutel und das Klima. Bei der Orientierung hilft ein Saisonkalender für Obst und Gemüse.

Der erste Spargel aus heimischem Anbau wird im Frühjahr mit Hochspannung erwartet. Und dass die Saison am 24. Juni – am Johannistag – endet, wird von den Liebhabern des „königlichen Gemüses" wohlwollend akzeptiert. Doch wie sieht es mit anderen Obst- und Gemüsearten aus? Während es früher noch mehr oder weniger klar begrenzte natürliche Saison- und damit Angebotszeiten für Erdbeeren, Bohnen, Rotkohl oder Apfelsinen gab, scheint heute der Blick auf den Kalender überflüssig zu sein. Schließlich findet man beinahe jedes Obst oder Gemüse ganzjährig im Handel – Unterglasanbau, schnelle Transportmittel und eine ausgefeilte Lagertechnik machen es möglich. Doch auch Importe und aufwändige Anbautechniken ändern nichts daran, dass fast alle Obst- und Gemüsearten in bestimmten Monaten besonders reichlich verfügbar sind, sprich „Saison haben". Diese Zeit entspricht in der Regel den klassischen Erntezeiten im Freilandanbau vor Ort. Das gilt sowohl für die meisten exotischen Früchte aus dem Ausland als auch für unsere heimischen Arten. Denn Mandarinen, Melonen oder Feigen haben in ihren Anbauländern genauso saisonale Erntezeiten wie Rhabarber oder grüne Bohnen bei uns.

Trotz eines nahezu lückenlosen, ganzjährigen Angebotes lohnt es sich also, darauf zu achten, wann welches Gemüse und welche Frucht Saison haben. Neben dem Preis spielen auch Faktoren wie Qualität, Energie- und CO_2-Bilanz, die Art der Transportmittel und nicht zuletzt ideelle Werte eine Rolle beim Einkauf.

FRÜHLING

Kräuter

Jetzt kann man endlich wieder auf frische Freilandkräuter zugreifen, das Aroma ist unvergleichlich!

Löwenzahn

Er ist nicht nur als Hasenfutter beliebt: Pflücke die Blüten für deinen leckeren Löwenzahnhonig. So vermeidest du auch, dass die späteren Pusteblumen sich explosionsartig vermehren, denn im heimischen Garten ist das meistens nicht erwünscht.

Waldmeister

Er sollte kurz vor oder mit Beginn der Blüte geerntet werden, dann ist sein Aroma am intensivsten. Aber Vorsicht mit der Dosierung, hier ist weniger mehr, sonst kann er Kopfschmerzen verursachen! Wildsammlungen im Wald sind gar nicht notwendig, denn da das Aroma sich erst mit dem Welken entwickelt kann man hier gut auf Marktware zugreifen.

Spargel

Die Königin der Gemüse, auch im Preis!

Rhabarber

Er gilt gemeinhin als Obst, obwohl er eigentlich zu den Gemüsen zählt! Beliebt ist er wegen seines erfrischenden, pikantsäuerlichen Geschmacks und des geringen Kaloriengehalts.

SOMMER

Kirschen

Ob süß oder sauer, Kirschen sind empfindliche Früchte. Sie wollen zart behandelt und möglichst schnell verbraucht werden. Waschen und entsteinen sollte man sie erst kurz vor der Verwendung, damit sie nicht an Aroma verlieren. Kirschen müssen reif gepflückt werden, da sie nicht nachreifen. Das ist der Grund, warum man sie nicht lange lagern kann.

Zwetschgen/Pflaumen

Die echte Zwetschge ist eine Unterart der Pflaume und war schon im Altertum sehr verbreitet. Sie hat eine länglich-ovale, plattrunde Form mit spitzen Enden und im Gegensatz zur Pflaume keine „Naht".
Die Zwetschge sollte ungewaschen lagern, da durch das Waschen die Schutzschicht, der sogenannte Duftfilm, entfernt wird und sie so schneller verdirbt.

Stachelbeeren

Sie werden ab Mai/Juni bis in den August hinein geerntet. In Deutschland werden Stachelbeeren hauptsächlich in Baden-Württemberg, Rheinland-Pfalz, Nordrhein-Westfalen und Niedersachsen angebaut.

Möhren

Das Wurzelgemüse ist zwar das ganze Jahr über erhältlich, aber je nach Jahreszeit unterscheidet sich das Angebot. Im Frühjahr und Sommer bekommt man die zarten und süßlich schmeckenden Bundmöhren. Auch später im Jahr kann man die gesunden Wurzeln als sogenanntes Winter- und Lagergemüse kaufen. Neben dem orangenen Wurzelgemüse gibt es noch gelbe, weiße und violette Exemplare.

Schmorgurken

Schmorgurken sind Freilandgurken und gehören wie die Salatgurken zur Gattung der Kürbisgewächse. Die Schmorgurke ist kleiner, aber dicker als die Salatgurke. Die Schale ist eher „ledrig" und kann nicht mitgegessen werden. Die Schmorgurke ist nicht so wässerig und ihr Geschmack daher intensiver als der von Salatgurken.

Tomaten

Hauptsaison für Tomaten ist Juni bis Oktober. Auch wenn es frische Tomaten das ganze Jahr über gibt, besonders gehaltvoll und aromatisch sind sie vor allem im Sommer, wenn sie mit viel Sonne heranreifen können. Tomaten am besten immer getrennt von anderem Obst und Gemüse und nicht im Kühlschrank lagern, denn die Früchte scheiden bei der Lagerung Ethylen aus, das den Stoffwechsel benachbarter Früchte oder Gemüse beschleunigt, so dass diese schneller verderben. Im Kühlschrank verlieren Tomaten schnell ihr Aroma und ihre Haltbarkeit.

Zucchini

Die Zucchini gehört zur weitverzweigten Familie des Gartenkürbisses. Das Besondere der Zucchinipflanze ist, dass bei ihr sowohl männliche als auch weibliche Blüten vorhanden sind. Sie benötigt daher keine zweite Pflanze zur Fruchtbildung. Zucchini-Früchte gibt es in länglich und rund, in gelb und verschiedenen Grüntönen. Das Fruchtfleisch ist weiß und fest. Die Zucchini wird bei einer Länge von ca. 15–20 cm geerntet, dann ist das Gemüse besonders schmackhaft.
Lagern die Zucchini neben Tomaten oder Äpfeln, altern sie durch das Reifegas Ethylen schneller.

HERBST

Kohl

Obwohl der Kohl ursprünglich aus dem Mittelmeerraum stammt, steht er wie kaum ein anderes Gemüse stellvertretend für deutsche Esskultur. Sauerkraut, das aus eingesäuertem Weißkohl hergestellt wird, gilt als typisch deutsches Nationalgericht. Doch auch alle anderen Kohlsorten werden hierzulande in großer Zahl angebaut. Das vitaminreiche Gemüse lässt sich ausgezeichnet lagern und steht deshalb besonders in den Wintermonaten auf den Speiseplänen.

Kürbis

Ob groß oder klein, Kürbisse sind wieder in! Lange Jahre waren die bunten Riesen fast in Vergessenheit geraten oder kamen nur als Halloween-Laterne zum Einsatz. Doch seit einiger Zeit erinnert man sich daran, wie köstlich sie doch eigentlich sind. Der Kürbis ist eine frostempfindliche, kräftig rankende Pflanze und kann in Farbe, Größe und Oberfläche stark variieren. Je nach Sorte, und davon gibt es rund 800, kann er von gut 500 g bis zu mehreren Kilos wiegen. Es gibt Kürbisse in vielen Farben: gelbe, orangefarbene, dunkelgrüne, weiße und graue. Die Form steht der Farbe in nichts nach: rund, oval, birnen- und zwiebelförmig, glatt, mit Rippen oder mit Pickeln übersät, und einige erinnern sogar an Ufos. Viele Sorten sind ungenießbar und werden nur als dekorative Zierkürbisse genutzt. Zu den gängigsten Speisekürbissen gehören neben den Riesenkürbissen die Gemüse- oder auch Gartenkürbisse sowie die Moschuskürbisse, zu denen auch der birnenförmige, hellgelbe Butternutkürbis mit seinem buttrig-nussigen Fruchtfleisch zählt. Der Hokkaidokürbis ist besonders einfach zu verarbeiten, da man seine Schale mitgaren und mitessen kann.

Pastinaken

Sie wurden schon im Mittelalter gegessen, dann allerdings von Kartoffeln und Möhren verdrängt, da diese schneller geerntet werden konnten. Nach einer langen Durststrecke wurden die Pastinaken nun wiederentdeckt. Sie eignen sich auch sehr gut für den Bio-Anbau.

Zwiebeln

Die Zwiebel ist eine der wichtigsten Gemüsearten weltweit und wurde schon früher als bedeutende Heilpflanze geschätzt. Zwiebeln sollten kühl und dunkel, aber nicht neben Kartoffeln gelagert werden.

Äpfel

Sie sind die Nummer eins unter den Obststorten. Kein Obst wird mehr gekauft und verzehrt bzw. verarbeitet. Und das zu Recht, denn der Apfel schmeckt nicht nur toll, er ist auch unglaublich gesund. Nicht umsonst heißt es im Volksmund „Ein Apfel am Tag, mit dem Doktor kein' Plag."

Birnen

Reife Birnen werden sehr schnell überreif. Noch unreife und sehr feste Exemplare werden mit der Zeit bei Zimmertemperatur süßer und saftiger, sollten aber nicht neben anderen Obst- oder Gemüsesorten lagern, um eine Überreifung zu vermeiden.

WINTER

Feldsalat

Beim Feldsalat handelt es sich um eine einheimische Wildpflanze, die erst im späten Mittelalter kultiviert wurde. Im 16. Jahrhundert sammelte man das „Unkraut" als Wildsalat und verwendete es in der Klostermedizin. Heute wird Feldsalat in ganz Westeuropa angebaut. Es gibt bei Feldsalat eine Herbst- und eine Frühjahrskultur. Die Saison erstreckt sich von Mitte Oktober bis Ende April. Feldsalat verträgt Frost bis -15°C! Zum Erntezeitpunkt darf er jedoch nicht gefroren sein, sonst wird er welk.

Kartoffeln

Kartoffeln sind in unterschiedlichen Sorten und aus verschiedenen Ursprungsländern ganzjährig verfügbar. Speisefrühkartoffeln mit zarter Schale und feinem, frischem Geschmack gibt es von Juni bis Anfang August. Mittelfrühe Sorten sind ab Mitte August erhältlich und mittelspäte bis späte Kartoffeln ab Mitte September bzw. ab Ende Oktober. Deutsche Kartoffeln sind außerhalb der Saison als Lagerware verfügbar. Im Frühjahr lässt die Qualität der Lagerkartoffeln meist nach. In diesem Zeitraum wird der Bedarf durch Kartoffeln anderer Herkunft gedeckt.
Kartoffeln sollten nicht in Plastikbeuteln gelagert werden, denn darin können sie nicht atmen. Sie beginnen zu schwitzen und faulen.

Pilze

Sie sollten höchstens unter fließendem Wasser von groben Verschmutzungen gereinigt werden, in stehendem Wasser saugen sie sich voll und schmecken dann wässrig. Besser ist es, sie trocken mit einem weichen Tuch oder feinen Pinsel abzureiben. Bei Kulturpilzen wie den Champignons genügt es meist, den angetrockneten Stielansatz abzuschneiden.

FRÜHLING

Er ist's

Frühling läßt sein blaues Band
Wieder flattern durch die Lüfte;
Süße, wohlbekannte Düfte
Streifen ahnungsvoll das Land.
Veilchen träumen schon,
Wollen balde kommen.
Horch, von fern ein leiser Harfenton!
Frühling, ja du bist's!
Dich hab ich vernommen!

Eduard Mörike

FRÜHLING

3 Gläser | 3 W 20 Min. | leicht

LÖWENZAHNHONIG

Zubereitungszeit: 20 Minuten
Ruhezeit: 3 Wochen
Utensilien: 1 Bügelglas à 2 Liter, 3 Twist-off-Gläser à 450 g, sterilisiert, feines Sieb
Zutaten für 3 Gläser

2 Handvoll Löwenzahnköpfe, gelb

700 g Zucker

2 Zitronen

1. Wasche die Löwenzahnköpfe, tupfe sie trocken und gib sie schichtweise mit dem Zucker in das Bügelglas. Dabei sollte die erste und die letzte Schicht aus Zucker bestehen. Verschließe das Glas und lass es anschließend an einem warmen und dunklen Ort 3 Wochen stehen. Der Zucker wird sich mit der Zeit verflüssigen.

2. Nach den 3 Wochen presst du den Saft aus den Zitronen und gibst diesen mit der Löwenzahn-Zucker-Mischung in den Mixtopf. Erhitze die Mischung im Mixtopf 15 Minuten/ 100°C/ Stufe 1 und gib sie anschließend durch ein feines Sieb in die vorbereiteten Twist-off-Gläser. Verschließe die Gläser sofort, dein Löwenzahnhonig ist direkt bereit zum Genießen.

Bauernregel
Fürchte nicht den Schnee im März, denn darunter schlägt ein warmes Herz.

mixtipp
Der "Honig" schmeckt leicht bitter und wird mit der Zeit etwas dunkler.

LANDFRAUENGERICHTE

FRÜHLING

½ Liter 48 h 20 Min. leicht

WALDMEISTERSIRUP GRÜNER SAUSER

Zubereitungszeit: 20 Minuten
Ziehzeit: 48 Stunden
Utensilien: verschließbares Gefäß, Saftpresse, Trichter, Flasche
Zutaten für etwa ½ Liter

30 g Waldmeisterblätter

½ unbehandelte Bio-Zitrone

Für die Zuckerlösung:

150 g Zucker

1 Msp. Zitronensäure, z.B. von Dr. Oetker®

300 g Wasser

1. Wasche als Erstes die Waldmeisterblätter ab und lege sie über Nacht auf Küchenpapier oder einem Handtuch zum Welken aus.

2. Am nächsten Tag bereitest du die Zuckerlösung zu. Gib dafür Zucker, Zitronensäure und Wasser in den Mixtopf und lass die Zutaten 15 Minuten/ Varoma/ Stufe 1 köcheln. Schöpfe eventuell gebildeten Schaum ab und lass die Zuckerlösung vor der Weiterverarbeitung ohne Deckel abkühlen.

3. Schäle nun die Schale der Zitrone mit einer feinen Reibe dünn ab, achte dabei darauf, die bittere, weiße Schale stehen zu lassen. Gib die Zitronenschale in ein verschließbares Gefäß.

4. Presse den Saft der halben Zitrone aus und füge ihn zusammen mit den Waldmeisterblättern in das Gefäß hinzu.

5. Gieße die abgekühlte Zuckerlösung in das Gefäß, verschließe es und lass es über Nacht an einem dunklen, kühlen Ort stehen.

6. Am nächsten Tag gießt du die aromatisierte Zuckerlösung durch das Garkörbchen in den Mixtopf. Entferne das Garkörbchen und fülle den Waldmeistersirup mithilfe eines Trichters in Flaschen ab. Im Kühlschrank aufbewahrt hält sich der Sirup etwa 2 Monate.

Bauernregel
Aprilwetter und Kartenglück wechseln jeden Augenblick.

LANDFRAUENGERICHTE

mixtipp
Lass frischen Waldmeister unbedingt anwelken, nur so entsteht das typische, intensive Aroma.

mixtipp
Wenn du eine intensive grüne Farbe möchtest, gib bei 6. einige Tropfen Lebensmittelfarbe in den Mixtopf und verrühre sie 3 Sekunden/ Stufe 3.

3–4 Portionen | 30 Min. | leicht

FORELLENCREMESUPPE

Zubereitungszeit: 30 Minuten
Utensilien: Pfanne
Zutaten für 3–4 Portionen

- 1 Knoblauchzehe
- 50 g Butter, weich, in Stücken
- 25 g Weizenmehl, Type 405
- 500 g Gemüsebrühe
- 300 g Forellenfilet, geräuchert, in kleinen Stücken
- 1 Stange Lauch, geputzt, in Ringen
- 15 g Öl, neutral, z.B. Sonnenblumenöl
- 200 g Sahne
- 60 g Weißwein
- 1 EL Worcestershiresauce
- Salz & Pfeffer, nach Belieben
- Zitronensaft, nach Belieben

1. Schäle den Knoblauch, zerkleinere ihn im Mixtopf 5 Sekunden/ Stufe 5 und schiebe die Stücke mit dem Spatel nach unten.

2. Schmelze die Butter mit den Knoblauchstücken im Mixtopf 3 Minuten/ 100°C/ Stufe 1 und gib das Mehl hinzu. Schwitze das Mehl 3 Minuten/ 100°C/ Stufe 1 an und lösche die Mischung mit der Gemüsebrühe ab. Verrühre die Zutaten 6 Minuten/ 90°C/ Stufe 4.

3. In der Zwischenzeit schneidest du die Forellenfilets in kleine Stücke. Wasche den Lauch, befreie ihn von den Wurzelansätzen und schneide ihn in Ringe. Röste Lauchringe und Forellenstücke in einer Pfanne mit heißem Öl an und stelle die Mischung beiseite.

4. Als Nächstes gibst du Sahne, Weißwein und Worcestershiresauce in den Mixtopf dazu und würzt die Suppe nach Belieben mit Salz, Pfeffer und Zitronensaft. Koche nun die Suppe weitere 8 Minuten/ 90°C/ Linkslauf/ Stufe 1 und gib danach die Lauch-Forellen-Mischung hinzu. Lass die Suppe weitere 5 Minuten/ 90°C/ Linkslauf/ Stufe 1 köcheln und serviere sie.

Bauernregel
Springen die Fische im Wasser empor, steht Regen bevor.

mixtipp
Verfeinere das Rezept, indem du die Suppe mit frischen Kräutern oder einigen Safranfäden würzt. Statt Weißwein kannst du auch Sherry verwenden.

6 Portionen | 1 h | leicht

EVAS FESTTAGSGRIESSKLÖSSE

Zubereitungszeit: 30 Minuten
Kühlzeit: 30 Minuten
Zutaten für 6 Portionen

| 80 g Parmesan, in Stücken |
| 250 g Milch |
| 60 g Butter, weich, in Stücken |
| ½ TL Salz |
| Muskatnuss, gemahlen, nach Belieben |
| 100 g Hartweizengrieß |
| 1 EL Oregano, gerebelt |
| 2 Eier, Größe M |

1. Für die Grießklöße zerkleinerst du als Erstes den Parmesan im Mixtopf 10 Sekunden/ Stufe 10 und füllst ihn in ein Schälchen um.

2. Als Nächstes erhitzt du Milch, Butter, Salz und Muskatnuss im Mixtopf 2 Minuten/ 90°C/ Stufe 1 und fügst Grieß und Oregano dazu. Verrühre die Zutaten 15 Sekunden/ Stufe 3 und koche anschließend die Mischung 3 Minuten/ 100°C/ Stufe 3. Lass die Masse danach 30 Minuten erkalten.

3. Nach dem Erkalten gibst du Eier und beiseitegestellten Parmesan in den Mixtopf dazu und rührst beides 1 Minute/ Teigknetstufe unter.

4. Koche reichlich Salzwasser in einem Kochtopf auf und forme mithilfe von zwei feuchten Löffeln oder mit feuchten Händen gleich große Klöße aus der Masse. Lass diese im heißen Salzwasser etwa 15 Minuten garziehen. Sie sind gar, wenn sie an die Oberfläche steigen.

mixtipp
Die Grießklöße sind eine gute vegetarische Einlage für die Tomatensauce auf S. 48.

1 Blech | 35 Min. | leicht

SPARGELFLAMMKUCHEN VOM NIEDERRHEIN

Zubereitungszeit: 10 Minuten
Ruhezeit: 10 Minuten
Backzeit: 15 Minuten, 210°C Umluft
Utensilien: Frischhaltefolie, Backblech und -papier
Zutaten für 1 Blech

150 g Gouda, in Stücken
400 g Weizenmehl, Type 405 + zum Bemehlen
5 g Salz
30 g Olivenöl
100 g Wasser
125 g Buttermilch
500 g Spargel, grün
100 g Bacon, in Streifen
6 Stängel Petersilie, frisch
1 Frühlingszwiebel, in groben Stücken
200 g Schmand
Salz & Pfeffer, nach Belieben

1. Zerkleinere als Erstes den Käse im Mixtopf 8 Sekunden/ Stufe 8 und fülle ihn in ein Schälchen um.

2. Verrühre für den Teig Mehl, Salz, Olivenöl, Wasser und Buttermilch im Mixtopf 5 Minuten/ Teigknetstufe zu einem glatten Teig. Wickle den Teig anschließend in Frischhaltefolie ein und lass ihn 10 Minuten ruhen.

3. In der Zwischenzeit kannst du den Mixtopf gründlich reinigen und den Spargel vorbereiten. Wasche ihn dafür und schneide etwa 1 cm der unteren Enden der Spargelstangen ab. Schneide den Bacon in Streifen.

4. Heize den Backofen auf 210°C Umluft vor und lege das Backblech mit Backpapier aus.

5. Wasche die Petersilie, tupfe sie trocken und gib die Blätter in den Mixtopf. Putze die Frühlingszwiebel, befreie sie vom Wurzelansatz und gib sie in groben Stücken in den Mixtopf dazu. Zerkleinere nun beide Zutaten 5 Sekunden/ Stufe 5 und schiebe die Stücke mit dem Spatel nach unten. Gib dann Schmand sowie Salz und Pfeffer dazu und verrühre die Zutaten 1 Minute/ Stufe 2.

6. Rolle den Teig auf einer bemehlten Arbeitsfläche dünn aus und lege ihn auf das vorbereitete Blech. Bestreiche den Teig gleichmäßig mit der Mischung aus dem Mixtopf und belege ihn mit den Spargelstangen. Streue die Baconstreifen gleichmäßig darüber und backe den Flammkuchen im vorgeheizten Ofen 15 Minuten/ 210°C Umluft. Prüfe nach dem Backen, ob der Teig gar ist, und verlängere gegebenenfalls die Einstellung um ein paar Minuten.

Bauernregel
Bis Johannis wird gepflanzt,
ein Datum,
das du dir merken kannst.
Aber stich den Spargel nie
mehr nach Johanni.

mixtipp
Falls es schnell gehen soll,
benutze Flammkuchenteig
aus dem Kühlregal.

4 Portionen | 1 h 20 Min. | mittel

RINDERROULADEN

Bauernregel
Der März soll wie ein Wolf kommen und wie ein Lamm gehen.

Zubereitungszeit:
1 Stunde 20 Minuten
Utensilien: Fleischklopfer, Zahnstocher oder Rouladennadeln, Pfanne
Zutaten für 4 Portionen

Für die Rouladen:

1 Zwiebel, halbiert

100 g saure Gurken

20 g Senf, nach Belieben

Salz & Pfeffer, nach Belieben

600 g Rindfleisch, aus der Oberschale, in Scheiben

200 g Rinderschinken, in Scheiben

Für die Sauce:

1 Zwiebel, halbiert

50 g Champignons, halbiert

150 g Suppengemüse, geputzt, in Stücken

3 Blätter Estragon, frisch

20 g Butter

30 g Senf, nach Belieben

20 g Tomatenmark

250 g Rotwein, z.B. Burgunder

1 EL gekörnte Fleischbrühe

20 g Weizenmehl, Type 405

80 g Crème fraîche

Öl, neutral, z.B. Sonnenblumenöl zum Braten

1. Schäle als Erstes für die Rouladen die Zwiebel, halbiere sie und zerkleinere sie mit sauren Gurken, Senf und Pfeffer im Mixtopf 8 Sekunden/ Stufe 5. Fülle die Mischung in eine Schüssel um.

2. Nun klopfst du die Fleischscheiben mit einem Fleischklopfer flach und würzt sie von beiden Seiten mit Salz und Pfeffer. Belege die Fleischscheiben mit den Schinkenscheiben und bestreiche sie mit der Mischung aus der Schüssel. Rolle die Fleischscheiben jeweils zu Rouladen und befestige sie mit Zahnstochern oder Rouladennadeln. Brate die Rouladen in einer Pfanne mit etwas heißem Öl rundherum an und lege sie in das Garkörbchen. Bewahre den Bratensaft auf.

3. Als Nächstes bereitest du die Sauce zu. Dafür schälst du die Zwiebel und gibst sie in Hälften in den Mixtopf. Putze die Champignons, halbiere sie und gib sie ebenfalls in den Mixtopf. Schäle und putze das Suppengemüse, schneide es in Stücke und gib auch diese mit dem Estragon in den Mixtopf dazu. Zerkleinere nun die Zutaten 5 Sekunden/ Stufe 5 und schiebe die Stücke mit dem Spatel nach unten. Füge aufgefangenen Bratensaft und Butter hinzu und dünste die Zutaten 4 Minuten/ Varoma/ Stufe 1 an.

4. Füge Senf, Tomatenmark, Rotwein und gekörnte Fleischbrühe in den Mixtopf hinzu und hänge das Garkörbchen mit den Rouladen ein. Gare die Zutaten nun 50 Minuten/ 100°C/ Stufe 1.

5. Vermische in einer Schüssel das Mehl mit der Crème fraîche und entferne mithilfe des Spatels vorsichtig das Garkörbchen. Stelle die Rouladen warm.

6. Gib die Mehlmischung in den Mixtopf dazu und koche die Sauce 4 Minuten/ 100°C/ Stufe 4. Schmecke die Sauce anschließend mit Salz und Pfeffer ab und serviere sie zu den Rouladen.

mixtipp
Auch andere frische Kräuter, z.B. Majoran, schmecken lecker in der Füllung. Du kannst die Sauce natürlich auch in Punkt 6 5 Sekunden/ Stufe 7 pürieren.

FRÜHLING

4 Portionen | 4 h 35 Min. | mittel

GRIESSNOCKEN MIT RHABARBERKOMPOTT

Zubereitungszeit: 35 Minuten
Kühlzeit: 4 Stunden
Utensilien: Frischhaltefolie
Zutaten für 4 Portionen

Für die Grießnocken:

| 1 Ei, Größe M |
| 1 Prise Salz |
| 30 g Zucker |
| 250 g Milch |
| 20 g Butter, weich |
| 2 Päckchen Vanillezucker |
| 40 g Weichweizengrieß |
| 6 EL Sahne |

Für das Rhabarberkompott:

| 500 g Rhabarber, geputzt, in Stücken |
| 20 g Butter |
| 80 g Zucker |
| 20 g Speisestärke |
| 125 g Traubensaft |

1. Zuerst trennst du das Ei und gibst das Eiweiß mit Salz und Zucker in den Mixtopf. Setze den Schmetterling ein und schlage das Eiweiß 4 Minuten/ Stufe 4 zu Eischnee. Entferne den Schmetterling und fülle den Eischnee in ein Schälchen um. Stelle den Eischnee bis zu seiner Weiterverarbeitung im Kühlschrank kalt.

2. Erhitze nun unter Beobachtung im Mixtopf Milch, Butter und Vanillezucker 8 Minuten/ 100°C/ Stufe 1 und gib in den letzten 2 Minuten den Grieß nach und nach durch die Deckelöffnung hinzu. Lass die Mischung anschließend 5 Minuten bei geschlossenem Deckel im Mixtopf quellen.

3. Verquirle in einem Schälchen Eigelb mit Sahne, gib die Mischung in den Mixtopf und rühre sie 1 Minute/ Stufe 2 unter die Grießmischung. Danach hebst du mithilfe des Spatels auch den Eischnee gleichmäßig unter die Grießmischung und füllst die Grießmasse in eine Schüssel um. Bedecke die Schüssel mit Frischhaltefolie und stelle sie 4 Stunden im Kühlschrank kalt.

4. Für das Kompott wäschst und putzt du den Rhabarber und schneidest ihn in Stücke.

5. Erhitze die Butter mit dem Zucker im gereinigten Mixtopf 4 Minuten/ 100°C/ Stufe 1 und verrühre währenddessen Speisestärke mit 4 EL Traubensaft in einem Schälchen.

6. Als Nächstes gibst du den restlichen Traubensaft mit den Rhabarberstücken in den Mixtopf und kochst die Mischung 10 Minuten/ 90°C/ Stufe 1. Anschließend fügst du die aufgelöste Speisestärke hinzu und lässt die Zutaten weitere 4 Minuten/ 90°C/ Stufe 1 kochen.

7. Zum Servieren verteilst du das Kompott auf Teller oder Schälchen und stichst mit zwei feuchten Löffeln Nocken aus der Grießmasse. Diese platzierst du auf dem Kompott und garnierst sie nach Belieben.

mixtipp
Verziere die Teller z.B. mit Frühlingskräutern und bestäube sie mit Puderzucker oder bestreue sie mit Schokoladenraspeln.

2 Portionen | 10 Min. | leicht

OMAS WEINSCHAUM

Zubereitungszeit: 10 Minuten
Zutaten für 2 Portionen

4 Eigelb, Größe M

1 Ei, Größe M

250 g Weißwein, z.B. Riesling

80 g Zucker

10 g Vanillezucker

1 Prise Salz

1. Setze als Erstes den Schmetterling in den Mixtopf ein.

2. Füge nun Eigelb, Ei, Wein, Zucker, Vanillezucker und Salz in den Mixtopf hinzu. Schlage die Zutaten 8 Minuten/ 70°C/ Stufe 3 zu einer dicklichen Creme auf. Serviere den Weinschaum sofort in zwei Schalen.

mixtipp
Serviere dazu leckere Eierplätzchen.

Bauernregel
Aprilwetter und Weibertreu, das ist immer einerlei.

1 Kuchen 1 h 5 Min. leicht

INGWER-ORANGEN-BUNDKUCHEN

Zubereitungszeit: 15 Minuten
Backzeit: 50 Minuten, 180°C Ober-/Unterhitze
Utensilien: feine Reibe, Gugelhupfform, Ø 26 cm, Kuchengitter
Zutaten für 1 Kuchen

400 g Zucker
1 Stück Ingwer, 2 cm, frisch
60 g Ingwer, kandiert
2 unbehandelte Bio-Orangen
250 g Butter, weich, in Stücken + zum Einfetten
1 Prise Salz
5 Eier, Größe M
250 g Weizenmehl, Type 405
2 TL Backpulver
80 g Haferflocken, fein
50 g Speisestärke

1. Pulverisiere als Erstes den Zucker im Mixtopf 10 Sekunden/ Stufe 10 und warte 2 Minuten bevor du den Deckel öffnest, da der Zucker sehr staubt. Fülle den Puderzucker anschließend in eine Schüssel um.

2. Schäle den frischen Ingwer und zerkleinere ihn im Mixtopf 7 Sekunden/ Stufe 7. Schiebe die Stücke mit dem Spatel nach unten und zerkleinere auch den kandierten Ingwer im Mixtopf 5 Sekunden/ Stufe 5. Fülle die Mischung in eine Schüssel um.

3. Wasche eine der Orangen, trockne sie ab und reibe die Schale mit einer feinen Reibe in den Mixtopf. Achte dabei darauf das Weiße nicht mit abzureiben, da es bitter schmeckt. Nun presst du den Saft beider Orangen aus und stellst ihn beiseite.

4. Verrühre nun Butter, 200 g beiseitegestellten Puderzucker und Salz mit der Orangenschale im Mixtopf 3 Minuten/ Stufe 2 und gib nach 2 Minuten die Eier durch die Deckelöffnung hinzu.

5. Danach gibst du 4 EL Orangensaft, Ingwermischung, Mehl, Backpulver, Haferflocken und Speisestärke in den Mixtopf dazu und verrührst die Zutaten 2 Minuten/ Stufe 3 zu einem Teig.

6. Heize den Backofen auf 180°C Ober-/Unterhitze vor und fette die Gugelhupfform mit etwas Butter ein.

mixtipp: Bestäube den Kuchen alternativ vor dem Servieren mit Puderzucker.

FRÜHLING

7. Verteile den Teig gleichmäßig in der Form und backe den Kuchen im vorgeheizten Ofen 50 Minuten/ 180°C Ober-/Unterhitze. Nach dem Backen stürzt du den Kuchen auf ein Kuchengitter und lässt ihn abkühlen.

8. Nach dem Abkühlen verrührst du in der Schüssel die übrigen 200 g Puderzucker mit 2–3 EL Orangensaft zu einem Guss und bestreichst damit den Kuchen. Lass den Guss trocknen und serviere den Ingwer-Orangen-Bundkuchen.

Bauernregel
Was im Juni nicht wächst, gehört in den Ofen.

FRÜHLING

1 Brot | 1 h 50 Min. | leicht

MÜNSTERANER BUTTERMILCHBROT

Zubereitungszeit: 5 Minuten
Backzeit: 1 Stunde, 180°C Ober-/Unterhitze
Ruhezeit: 45 Minuten
Utensilien: Kastenform
Zutaten für 1 Brot

500 g Buttermilch
1 Würfel Frischhefe, zerbröselt
600 g Dinkelmehl, Type 630
100 g Roggenmehl, Type 1150
50 g Haferflocken, kernig
5 g Salz
1 TL Brotgewürz, z.B. von Seitenbacher®
Öl zum Einfetten

1. Gib die Buttermilch gemeinsam mit der zerbröselten Hefe in den Mixtopf und erwärme die Zutaten 2 Minuten/ 37°C/ Stufe 2.

2. Füge beide Mehlsorten, Haferflocken, Salz und Brotgewürz hinzu und vermenge die Zutaten 2 Minuten/ Teigknetstufe. Knete den Teig nun nochmal auf einer bemehlten Arbeitsfläche durch, gib ihn dann in eine Schüssel und decke diese mit einem Küchentuch ab. Lass den Teig ca. 45 Minuten an einem warmen Ort gehen.

3. Fette eine Kastenform mit Öl ein und gib den Teig in die Form. Backe das Buttermilchbrot nun etwa 1 Stunde/ 180°C Ober-/Unterhitze im nicht vorgeheizten Backofen.

Bauernregel
Gibt's im Juni Donnerwetter, wird gewiss das Getreide fetter.

mixtipp
Bestreue das Brot vor dem Backen mit feinen Haferflocken.

LANDFRAUENGERICHTE

SOMMER

Sommerfrische

Zupf dir ein Wölkchen aus dem Wolkenweiß,
Das durch den sonnigen Himmel schreitet.
Und schmücke den Hut, der dich begleitet,
Mit einem grünen Reis.

Verstecke dich faul in der Fülle der Gräser.
Weil's wohltut, weil's frommt.
Und bist du ein Mundharmonikabläser
Und hast eine bei dir, dann spiel, was dir kommt.

Und lass deine Melodien lenken
Von dem freigegebenen Wolkengezupf.
Vergiss dich. Es soll dein Denken
Nicht weiter reichen als ein Grashüpferhupf.

Joachim Ringelnatz

4 Gläser | 25 Min. | leicht

STACHELBEER-CURD

Zubereitungszeit: 25 Minuten
Utensilien: 4 Bügel- oder Twist-off-Gläser à 200 ml, sterilisiert
Zutaten für 4 Gläser

400 g Stachelbeeren, grün

100 g Kiwi, geschält, in Stücken

200 g Zucker, braun

5 EL Wasser

4 Eigelb, Größe M

Mark von 1 Vanilleschote

1 Prise Salz

Saft von 1 Zitrone

20 g Speisestärke

110 g Butter, kalt, in Stücken

1. Wasche die Stachelbeeren, schäle die Kiwi und gib beides mit 50 g Zucker und dem Wasser in den Mixtopf. Dünste die Mischung 5 Minuten/ 100°C/ Stufe 1. Püriere die Mischung anschließend 1 Minute/ Stufe 8 und fülle sie in eine Schüssel um.

2. Reinige den Mixtopf gründlich, spüle ihn kalt aus und trockne ihn ab.

3. Setze den Schmetterling ein und gib Eigelb, restliche 150 g Zucker, Vanillemark, Salz, Zitronensaft und Speisestärke in den Mixtopf. Verrühre die Zutaten 9 Minuten/ 70°C/ Stufe 3 und gib danach das Stachelbeer-Kiwi-Püree ohne Zeiteinstellung/ Stufe 2 nach und nach durch die Deckelöffnung dazu.

4. Als Nächstes fügst du die Butterstücke hinzu und erhitzt die Mischung weitere 5 Minuten/ 100°C/ Stufe 1. Entferne anschließend den Schmetterling, fülle die Mischung in die sterilisierten Gläser ab und verschließe diese sofort. Der Curd ist im Kühlschrank aufbewahrt etwa 2 Wochen haltbar.

mixtipp — Du kannst hier auch rote Stachelbeeren oder Jostabeeren verwenden.

SOMMER

2 Gläser | 35 Min. | leicht

PFÄLZER ZUCCHINI-RELISH

Zubereitungszeit: 35 Minuten
Utensilien: 2 Bügel- oder Twist-off-Gläser à 350 ml, sterilisiert
Zutaten für 2 Gläser

½ Bund Petersilie, frisch

1 Zwiebel, halbiert

500 g Zucchini, geputzt, in groben Stücken

1 Paprika, rot, entkernt, in groben Stücken

125 g Gelierzucker 1:1

1 ½ TL Senfpulver

50 g Weißweinessig

50 g Apfelsaft

Salz & Pfeffer, nach Belieben

1. Wasche die Petersilie, tupfe sie trocken und zerkleinere sie im Mixtopf 5 Sekunden/ Stufe 8. Fülle die Petersilie in ein Schälchen um und stelle sie beiseite.

2. Schäle die Zwiebel, halbiere sie und zerkleinere sie im Mixtopf 5 Sekunden/ Stufe 5. Schiebe anschließend die Stücke mit dem Spatel nach unten.

3. Wasche die Zucchini, befreie sie von den Strunkansätzen und schneide sie in grobe Stücke. Gib die Zucchinistücke in den Mixtopf dazu. Zerkleinere sie im Mixtopf 3 Sekunden/ Stufe 5. Fülle die Zucchini ebenfalls in ein Schälchen um.

4. Nun wäschst du die Paprika, entkernst sie und gibst sie ebenfalls in groben Stücken in den Mixtopf. Zerkleinere nun die Zutaten 3 Sekunden/ Stufe 5 und schiebe die Stücke mit dem Spatel nach unten.

5. Füge Gelierzucker, Senfpulver, Essig, Apfelsaft, Salz und Pfeffer hinzu. Koche nun die Zutaten ohne Messbecher und mit Garkörbchen als Spritzschutz 20 Minuten/ 90°C/ Stufe 1. Danach gibst du die beiseitegestellte Petersilie hinzu und rührst sie 1 Minute/ 90°C/ Stufe 2 unter. Zu guter Letzt schmeckst du das Relish nochmal mit Salz und Pfeffer ab und füllst es in die Gläser. Verschließe die Gläser sofort. Das Relish ist kühl aufbewahrt mindestens 2 Wochen haltbar.

Bauernregel
Juli schön und klar, gibt ein gutes Bauernjahr.

LANDFRAUENGERICHTE

mixtipp

Wenn du es gerne etwas schärfer magst, füge noch ein paar Chiliflocken hinzu.

HÜHNERLEBERCREME

 4 Gläser 15 Min. leicht

Zubereitungszeit: 15 Minuten
Utensilien: 4 Bügel- oder Twist-off-Gläser à 230 ml, sterilisiert
Zutaten für 4 Gläser

50 g Haselnusskerne
30 g Pistazien
10 Stängel Petersilie, frisch
5 Stängel Thymian, frisch
2 Zwiebeln, halbiert
1 Knoblauchzehe
300 g Butter, weich, in Stücken
500 g Hühnerleber
5 g Nitritpökelsalz, s. mixtipp
Pfeffer, nach Belieben
2 EL Sherry, medium

1. Zuerst zerkleinerst du Haselnusskerne und Pistazien im Mixtopf 3 Sekunden/ Stufe 5 und füllst sie in ein Schälchen um.

2. Wasche Petersilie und Thymian, tupfe beides trocken und gib die abgezupften Blätter in den Mixtopf.

3. Schäle Zwiebeln und Knoblauch, gib die halbierten Zwiebeln zusammen mit dem Knoblauch in den Mixtopf und zerkleinere die Zutaten 5 Sekunden/ Stufe 5. Schiebe die Stücke mit dem Spatel nach unten und füge 40 g Butter hinzu. Dünste die Mischung 2 Minuten/ Varoma/ Stufe 1.

4. Als Nächstes gibst du Hühnerleber, Salz und Pfeffer in den Mixtopf dazu und garst die Zutaten 9 Minuten/ 100°C/ Linkslauf/ Stufe 1. Danach gibst du die restlichen 260 g Butter und den Sherry hinzu und pürierst die Mischung 4 Sekunden/ Stufe 8. Gib zu guter Letzt die zerkleinerte Nussmischung dazu und rühre sie 4 Sekunden/ Stufe 3 unter. Fülle die Creme in die Gläser um und stelle sie im Kühlschrank kalt. Dort ist sie ca. 2–3 Tage haltbar.

mixtipp
Nitritpökelsalz bekommst du beim freundlichen Metzger, dadurch bleibt die Creme schön rosig. Du kannst auch normales Salz verwenden, aber dann wird sie grau.

mixtipp
Garniere die Creme vor dem Servieren mit frischem Schnittlauch.

SOMMER

4 Portionen | 8 h 25 Min. | mittel

KICHERERBSEN AUS DEM EIS

Zubereitungszeit: 25 Minuten
Kühlzeit: 8 Stunden
Zutaten für 4 Portionen

1 Dose Kichererbsen à 425 ml, vorgegart

1 Zwiebel, halbiert

1 Knoblauchzehe

20 g Olivenöl

½ TL Kreuzkümmel, gemahlen

200 g Sahne

600 g Gemüsebrühe

Salz & Pfeffer, nach Belieben

Limettensaft, nach Belieben

½ TL Paprikapulver, rosenscharf

1. Als Erstes lässt du die Kichererbsen abtropfen.

2. Währenddessen schälst du Zwiebel und Knoblauch, halbierst die Zwiebel und zerkleinerst beide Zutaten im Mixtopf 5 Sekunden/ Stufe 5. Schiebe die Stücke mit dem Spatel nach unten und dünste sie mit dem Öl 2 Minuten/ Varoma/ Stufe 1 an.

3. Gib danach die abgetropften Kichererbsen, Kreuzkümmel, Sahne, Gemüsebrühe, Salz und Pfeffer dazu und lass die Suppe 20 Minuten/ 100°C/ Stufe 1 kochen. Entnimm danach einige Kichererbsen für die Garnitur und püriere dann die Suppe 1 Minute/ Stufe 8. Schmecke die Suppe mit Salz, Pfeffer und Limettensaft ab und lass sie abkühlen. Stelle die Suppe sowie die ganzen Kichererbsen für die Garnitur anschließend für 8 Stunden, am besten über Nacht, im Kühlschrank kalt. Serviere die Suppe in Schälchen oder tiefen Tellern und garniere sie mit ganzen Kichererbsen und Paprikapulver.

Bauernregel
Je dicker die Regentropfen im August, umso dicker wird auch der Most.

mixtipp
Bestreue die Suppe vor dem Servieren mit frisch gehacktem Koriander oder glatter Petersilie.

LANDFRAUENGERICHTE

SOMMER

 4 Portionen   50 Min.   mittel

BOLLO TOMATO

Zubereitungszeit: 50 Minuten
Utensilien: Pfanne
Zutaten für 4 Portionen

1 Brötchen, vom Vortag, eingeweicht

½ Bund Petersilie, frisch

2 Zwiebeln, halbiert

1 Knoblauchzehe

500 g Hackfleisch, gemischt

1 Ei, Größe M

Salz & Pfeffer, nach Belieben

50 g Paniermehl

500 g Tomaten, in Vierteln

20 g Butter

15 g Weizenmehl, Type 405

300 g Gemüsebrühe

15 g Zucker

1 Lorbeerblatt, klein

Zitronensaft, nach Belieben

Öl, neutral, z.B. Rapsöl, zum Braten

1. Weiche als Erstes das Brötchen in einer Schüssel mit Wasser ein.

2. Wasche die Petersilie, tupfe sie trocken und gib sie in den Mixtopf. Schäle Zwiebeln und Knoblauch, gib eine Zwiebel in Hälften und den Knoblauch in den Mixtopf. Zerkleinere die Zutaten im Mixtopf 5 Sekunden/ Stufe 5 und schiebe die Stücke mit dem Spatel nach unten.

3. Füge Hackfleisch, Ei, Salz und Pfeffer in den Mixtopf dazu. Drücke das aufgeweichte Brötchen mit beiden Händen vorsichtig aus und gib es ebenfalls in den Mixtopf dazu. Verrühre die Zutaten 2 Minuten/ Teigknetstufe.

4. Forme aus der Masse mit feuchten Händen gleich große Bällchen und wälze sie in Paniermehl. Brate die Bällchen in einer Pfanne mit heißem Öl rundherum an, lass sie dann auf Küchenpapier abtropfen und halte sie warm.

5. Reinige den Mixtopf gründlich. Wasche die Tomaten, schneide sie in Viertel und entferne die Strunkansätze.

6. Zerkleinere die übrigen Zwiebelhälften im Mixtopf 5 Sekunden/ Stufe 5. Schiebe die Stücke mit dem Spatel nach unten, füge Butter hinzu und dünste sie 2 Minuten/ Varoma/ Stufe 1. Gib anschließend das Mehl hinzu und schwitze es 3 Minuten/ 100°C/ Stufe 1 an.

7. Lösche nun mit Gemüsebrühe ab, gib Tomatenviertel, Zucker und Lorbeerblatt hinzu und lass die Mischung 15 Minuten/ 100°C/ Linkslauf/ Stufe 2 ohne Messbecher kochen. Entferne das Lorbeerblatt und püriere die Sauce 10 Sekunden/ Stufe 7. Schmecke mit Salz, Pfeffer und Zitronensaft ab und serviere die Bollo Tomato.

mixtipp

Serviere dazu Reis und verziere das Gericht mit frisch gehackter Petersilie oder Koriander.

4 Portionen 35 Min. leicht

SCHMORGURKEN-FISCH-TOPF

Zubereitungszeit: 35 Minuten
Zutaten für 4 Portionen

1 TL Speisestärke
300 g Sahne, kalt
10 g Senf, körnig
2 Schmorgurken, geschält, entkernt, in 2 cm dicken Scheiben
1 Zwiebel, halbiert
20 g Butter
Salz & Pfeffer, nach Belieben
300 g Gemüsebrühe
450 g Lachsfilet, in Würfeln
1 EL Dillspitzen, getrocknet
2 TL Zitronensaft
4 Dillzweige, frisch, zum Garnieren

1. Als Erstes verrührst du in einem Schälchen die Speisestärke mit 1 EL Sahne und dem Senf und stellst die Senfmischung beiseite. Den Rest der Sahne gibst du in den Mixtopf und setzt den Schmetterling ein. Schlage die Sahne nun unter Beobachtung auf Stufe 3 steif. Entferne den Schmetterling und fülle die aufgeschlagene Sahne in ein Schälchen um.

2. Reinige den Mixtopf gründlich.

3. Wasche die Gurken, schäle sie, halbiere sie längs und entkerne sie mithilfe eines Löffels. Schneide die Gurkenhälften in 2 cm dicke Scheiben und stelle sie beiseite.

4. Schäle die Zwiebel, halbiere sie und zerkleinere sie im Mixtopf 5 Sekunden/ Stufe 5. Schiebe die Stücke mit dem Spatel nach unten. Gib die Butter dazu und dünste die Stücke 2 Minuten/ Varoma/ Stufe 1 an. Danach gibst du Gurkenscheiben, Salz und Pfeffer dazu und dünstest die Zutaten 4 Minuten/ 100°C/ Linkslauf/ Stufe 1 an.

5. Füge danach die Gemüsebrühe hinzu und koche die Mischung 10 Minuten/ 100°C/ Linkslauf/ Stufe 1.

6. Währenddessen wäschst du den Lachs, tupfst ihn trocken und schneidest ihn in Würfel.

7. Als Nächstes fügst du Lachswürfel, beiseitegestellte Senfmischung, Dill, Zitronensaft und geschlagene Sahne in den Mixtopf hinzu und kochst die Zutaten 8 Minuten/ 90°C/ Linkslauf/ Sanftrührstufe. Serviere den Schmorgurken-Fisch-Topf mit frischen Dillzweigen garniert.

mixtipp

Dazu passen Reis, Salzkartoffeln oder ein frisches Baguette.

SOMMER

4 Portionen | 2 h 10 Min. | leicht

KALTE KUH

Zubereitungszeit: 10 Minuten
Kühlzeit: mind. 2 Stunden
Utensilien: gefrierfeste Form à 700 ml, Frischhaltefolie, Schneebesen
Zutaten für 4 Portionen

---

2 Eiweiß, Größe M

1 Prise Salz

10 g Zucker

500 g Vollmilchjoghurt mit Vanillegeschmack, alternativ Naturjoghurt

---

1. Setze den Schmetterling im Mixtopf ein und schlage darin Eiweiß mit Salz 4 Minuten/ Stufe 4 zu Eischnee. Gib dabei in der letzten Minute den Zucker durch die Deckelöffnung dazu.

2. Entferne den Schmetterling und hebe den Joghurt mithilfe des Spatels vorsichtig unter den Eischnee. Fülle die Mischung in eine gefrierfeste Form und decke diese mit Frischhaltefolie ab. Stelle sie für mindestens 2 Stunden in das Gefrierfach. Rühre die Masse zwischendurch immer wieder mithilfe eines Schneebesens oder Löffels gut durch. Damit verhinderst du, dass sich Eiskristalle bilden.

3. Vor dem Servieren füllst du das Eis in den Mixtopf und rührst es 15 Sekunden/ Stufe 8 cremig auf.

Bauernregel: Im Juli muss vor Hitze braten, was im September soll geraten.

mixtipp: Serviere die Kalte Kuh mit frischem Obst oder Schokoraspeln.

LANDFRAUENGERICHTE

4 Portionen 25 Min. leicht

ZWETSCHGENKOMPOTT MIT QUARKCREME

Zubereitungszeit: 25 Minuten
Utensilien: 4 Gläser zum Servieren
Zutaten für 4 Portionen

250 g Zwetschgen, entkernt, in groben Stücken
30 g Zucker
2 Päckchen Vanillezucker
25 g Rum
Saft von ½ Zitrone
½ TL Zimt
1 Msp. Anis, gemahlen
200 g Sahne, kalt
250 g Quark, 20 % Fett
70 g Honig
8 Löffelbiskuits
30 g Butter

1. Wasche als Erstes die Zwetschgen, halbiere und entkerne sie. Schneide 2 Zwetschgen in Spalten und lege sie zum Garnieren beiseite. Die übrigen Zwetschgen schneidest du in grobe Stücke und gibst sie mit Zucker, 1 Päckchen Vanillezucker, Rum, Zitronensaft, Zimt und Anis in den Mixtopf. Koche die Mischung 15 Minuten/ 100°C/ Linkslauf/ Sanftrührstufe und fülle das Kompott anschließend in eine separate Schüssel um.

2. Reinige den Mixtopf gründlich.

3. Als Nächstes setzt du den Schmetterling im Mixtopf ein und schlägst darin die Sahne unter Beobachtung auf Stufe 3 steif. Entferne den Schmetterling und fülle die Sahne in eine Schüssel um. Verrühre nun Quark, 1 Päckchen Vanillezucker und 50 g Honig im Mixtopf 1 Minute/ Stufe 2. Danach gibst du die geschlagene Sahne dazu und rührst sie mithilfe des Spatels vorsichtig unter die Quarkcreme im Mixtopf. Fülle die Quarkcreme ebenfalls in eine separate Schüssel um.

4. Reinige den Mixtopf und zerkleinere darin 6 Löffelbiskuits 5 Sekunden/ Stufe 5. Schiebe die Stücke mit dem Spatel nach unten und gib die Butter dazu. Erhitze die Mischung zuerst 4 Minuten/ 100°C/ Stufe 1 und rühre danach die restlichen 20 g Honig 30 Sekunden/ Stufe 2 unter. Zu guter Letzt verteilst du die Biskuitstreusel in die Gläser und gibst darauf jeweils 1 EL von dem Zwetschgenkompott. Verteile nun abwechselnd Quarkcreme und Zwetschgenkompott in die Gläser und garniere sie jeweils mit einem halben Löffelbiskuit und einigen Zwetschgenspalten.

mixtipp

Du kannst für dieses Rezept natürlich auch andere saisonale Obstsorten verwenden und die Kekssorte dementsprechend anpassen.

SOMMER

4 Portionen | 40 Min. | leicht

ÜBERBACKENER PFANNKUCHENAUFLAUF

Zubereitungszeit: 20 Minuten
Backzeit: 20 Minuten, 200°C Ober-/Unterhitze
Utensilien: Pfanne, Auflaufform
Zutaten für 4 Portionen

Für den Teig:

80 g Weizenmehl, Type 405

125 g Milch

1 Päckchen Vanillezucker

1 Ei, Größe M

1 Prise Salz

Öl zum Braten + zum Einfetten

Für die Füllung:

200 g Ricotta, alternativ Frischkäse

30 g Zucker

1 Päckchen Vanillezucker

2 Eier, Größe M

300 g TK-Beerenmischung

150 g Kirschsaft

20 g Speisestärke

200 g Kokos-Zwieback, in groben Stücken

1. Verrühre für den Teig Mehl, Milch, Vanillezucker, Ei und Salz im Mixtopf 2 Minuten/ Stufe 2. Erhitze etwas Öl in einer Pfanne und backe den Teig portionsweise von beiden Seiten goldbraun aus. Stelle die gebackenen Pfannkuchen beiseite.

2. Reinige den Mixtopf gründlich und verrühre darin Ricotta, Zucker, Vanillezucker und Eier 2 Minuten/ Stufe 3.

3. Gib währenddessen die Beerenmischung mit 100 g Kirschsaft in einen Topf, erhitze sie und verrühre die Speisestärke in einem Schälchen mit den übrigen 50 g Kirschsaft. Sobald die Beeren-Kirschsaft-Mischung beginnt zu kochen, rührst du die aufgelöste Speisestärke unter und lässt sie köcheln, bis sie andickt. Nimm dann den Topf von der Herdplatte.

4. Brich die Zwiebäcke in grobe Stücke, fette die Auflaufform mit etwas Öl ein und heize den Backofen auf 200°C Ober-/Unterhitze vor.

5. Rühre nun die Hälfte der Zwiebackstücke unter die Beerenmischung. Bestreiche jeweils die Hälfte eines Pfannkuchens mit etwas Beerenmischung und Ricottacreme und klappe die freie Hälfte über die bestrichene Hälfte. Lege die gefüllten Pfannkuchen gefächert in die Form und verteile gegebenenfalls übriggebliebene Ricottacreme darauf. Backe den Pfannkuchenauflauf nun im vorgeheizten Ofen 20 Minuten/ 200°C Ober-/Unterhitze und streue 5 Minuten vor Ende der Backzeit die übrigen Zwiebackstücke darüber.

SOMMER

8 Portionen | 1 h | mittel

ELSÄSSISCHER KIRSCHAUFLAUF

Zubereitungszeit: 15 Minuten
Backzeit: 45 Minuten, 180°C Ober-/Unterhitze
Utensilien: Spring- oder Tarteform, Ø 26 cm
Zutaten für 8 Portionen

---

1 Glas Kirschen à 680 g, abgetropft

100 g Zucker

1 Päckchen Vanillezucker

40 g Mandeln

80 g Weizenmehl, Type 405

400 g Milch

100 g Sahne

3 Eier, Größe M

30 g Butter + zum Einfetten

20 g Kirschwasser, alternativ Kirschsaft

1. Heize als Erstes den Backofen auf 180°C Ober-/Unterhitze vor, fette die Form mit etwas Butter ein und lass die Kirschen abtropfen.

2. Pulverisiere Zucker und Vanillezucker im Mixtopf 10 Sekunden/ Stufe 10 und warte 2 Minuten, bevor du den Deckel öffnest, da der Zucker sehr staubt. Füge die Mandeln hinzu und zerkleinere sie 10 Sekunden/ Stufe 8. Schiebe die Reste mit dem Spatel nach unten. Danach gibst du Mehl, Milch, Sahne, Eier, Butter und Kirschwasser hinzu und erhitzt die Mischung 7 Minuten/ 80°C/ Stufe 3.

3. Verteile die abgetropften Kirschen in der Form und übergieße sie mit der Mischung aus dem Mixtopf. Backe den Auflauf nun im vorgeheizten Ofen 45 Minuten/ 180°C Ober-/Unterhitze goldbraun aus.

Bauernregel

Um Maria Himmelfahrt, das wisse, gibt es auch schon die ersten Nüsse.

QUETSCHETAAT

1 Blech | 1 h 27 Min. | mittel

Zubereitungszeit: 25 Minuten
Backzeit: 12 Minuten + 50 Minuten, 200°C Ober-/Unterhitze
Utensilien: Backblech und -papier
Zutaten für 1 Blech

Für den Boden:

125 g Butter, weich, in Stücken

60 g Zucker

1 Päckchen Vanillezucker

180 g Weizenmehl, Type 405 + zum Bemehlen

1 TL Backpulver

1 Prise Salz

Für den Belag:

800 g Pflaumen, entkernt, halbiert

200 g Butter, weich, in Stücken

200 g Zucker

10 g Zimt, gemahlen

3 Eier, Größe M

200 g Weizenmehl, Type 405

2 TL Backpulver

Puderzucker zum Bestäuben

1. Für den Boden verrührst du Butter, beide Zuckersorten, Mehl, Backpulver und Salz im Mixtopf 2 Minuten/ Teigknetstufe.

2. Heize den Backofen auf 200°C Ober-/Unterhitze vor und lege das Backblech mit Backpapier aus.

3. Knete den Teig auf einer bemehlten Arbeitsfläche glatt und rolle ihn auf dem vorbereiteten Blech rechteckig aus. Backe den Boden im vorgeheizten Ofen 12 Minuten/ 200°C Ober-/Unterhitze und lass ihn danach abkühlen. Schalte den Backofen aber nicht aus.

4. In der Zwischenzeit wäschst du die Pflaumen, tupfst sie trocken, halbierst und entkernst sie.

5. Als Nächstes verrührst du im Mixtopf Butter, Zucker und Zimt 2 Minuten/ Stufe 2 und schiebst die Reste mit dem Spatel nach unten. Gib die Eier dazu und rühre sie 2 Minuten/ Stufe 3 unter. Füge Mehl und Backpulver hinzu und vermische die Zutaten 2 Minuten/ Stufe 3. Verteile den Teig gleichmäßig auf dem vorgebackenen Boden und belege ihn mit den Pflaumenhälften. Backe den Kuchen im vorgeheizten Ofen 50 Minuten/ 200°C Ober-/Unterhitze. Lass den Kuchen nach dem Backen auskühlen und bestäube ihn mit Puderzucker.

SOMMER

1 Blech | 25–30 Min. | leicht

SÄCHSISCHE PRASSELSCHNITTEN

Zubereitungszeit: 10 Minuten
Backzeit: 15–20 Minuten,
200°C Ober-/Unterhitze
Utensilien: Backblech
Zutaten für 1 Blech

| 1 Blätterteigrolle, aus dem Kühlregal |
| 100 g Aprikosenkonfitüre |
| 300 g Zucker |
| 200 g Butter, weich, in Stücken |
| 300 g Weizenmehl, Type 405 |
| 1 Päckchen Vanillezucker |
| 2 EL Zitronensaft |

1. Heize den Backofen auf 200°C Ober-/Unterhitze vor und lege den Blätterteig samt Backpapier auf das Backblech.

2. Stich den Blätterteig mit einer Gabel mehrmals ein und bestreiche ihn mit der Aprikosenkonfitüre.

3. Pulverisiere nun 150 g Zucker im Mixtopf 10 Sekunden/ Stufe 10. Warte 2 Minuten, bevor du den Deckel öffnest, da der Zucker sehr staubt und fülle ihn in eine Schüssel um.

4. Als Nächstes verrührst du die restlichen 150 g Zucker, Butter, Mehl und Vanillezucker im Mixtopf 3 Minuten/ Stufe 3. Verteile die Streusel auf dem bestrichenen Boden und backe den Kuchen im vorgeheizten Ofen 15–20 Minuten/ 200°C Ober-/Unterhitze.

5. Nach dem Backen lässt du den Kuchen auskühlen. Danach verrührst du Puderzucker mit Zitronensaft in einer Schüssel und verzierst den Kuchen mit dem Guss.

mixtipp: Du kannst auch eine andere Konfitüre verwenden. Wähle einfach deine Lieblingssorte!

LANDFRAUENGERICHTE

SOMMER

1 Brot | 2 h | leicht

WESTFÄLISCHES MÖHRENBROT

Zubereitungszeit: 10 Minuten
Backzeit: 50 Minuten, 180°C Umluft
Ruhezeit: 1 Stunde
Utensilien: Kastenform
Zutaten für 1 Brot

100 g Möhren, geschält, in groben Stücken
1 Würfel Frischhefe, zerbröselt
200 g Wasser + zum Bestreichen
5 g Zucker
100 g Dinkelmehl, Type 630
300 g Weizenmehl, Type 550 + zum Bemehlen
30 g Leinsamen
1 EL Apfelessig
5 g Salz
Öl zum Einfetten

1. Schäle die Möhren, schneide sie in grobe Stücke und zerkleinere sie im Mixtopf 5 Sekunden/ Stufe 6. Schiebe die Stücke mit dem Spatel nach unten und zerkleinere sie erneut 3 Sekunden/ Stufe 6. Fülle die Masse in eine Schale um und spüle den Mixtopf kurz aus.

2. Zerbrösele die Hefe in den Mixtopf und löse sie mit 3 EL von dem Wasser und Zucker 2 Minuten/ 37°C/ Stufe 2 auf. Danach gibst du die Möhrenmasse zusammen mit restlichem Wasser, beiden Mehlsorten, Leinsamen, Apfelessig und Salz in den Mixtopf und verrührst die Zutaten 3 Minuten/ Teigknetstufe. Lass den Teig im Mixtopf 30 Minuten gehen und knete ihn anschließend nochmal 1 Minute/ Teigknetstufe.

3. Fette die Kastenform mit etwas Öl ein und verteile darin den Teig. Bestreiche den Teig mit Wasser und decke ihn mit einem Küchentuch ab. Lass ihn an einem warmen Ort weitere 30 Minuten ruhen.

4. Heize in der Zwischenzeit den Backofen auf 180°C Umluft vor.

5. Nach der Ruhezeit backst du das Möhrenbrot im vorgeheizten Ofen 50 Minuten/ 180°C Umluft.

Bauernregel
Der Tau tut dem August so not, wie jedermann das täglich Brot.

mixtipp
Bestreue das Brot vor dem Backen nach Belieben mit Sonnenblumenkernen.

LANDFRAUENGERICHTE

HERBST

Herr von Ribbeck auf Ribbeck im Havelland

Herr von Ribbeck auf Ribbeck im Havelland,
Ein Birnbaum in seinem Garten stand,
Und kam die goldene Herbsteszeit
Und die Birnen leuchteten weit und breit,
Da stopfte, wenn's Mittag vom Turme scholl,
Der von Ribbeck sich beide Taschen voll.
Und kam in Pantinen ein Junge daher,
So rief er: „Junge, wiste' 'ne Beer?"
Und kam ein Mädel, so rief er: „Lütt Dirn,
Kumm man röwer, ick hebb 'ne Birn." ...

Theodor Fontane

HERBST

4 Portionen | 30 Min. | leicht

PASTINAKENCREMESUPPE

Zubereitungszeit: 30 Minuten
Zutaten für 4 Portionen

1 Zwiebel, halbiert

1 Knoblauchzehe

20 g Olivenöl

1 TL Zatar, z.B. von Just Spices®

300 g Pastinaken, geschält, in groben Stücken

200 g Kartoffeln, mehligkochend, geschält, in groben Stücken

750 g Hühnerbrühe

Salz & Pfeffer, nach Belieben

200 g Crème fraîche

1. Schäle Zwiebel und Knoblauch, halbiere die Zwiebel und zerkleinere beide Zutaten im Mixtopf 5 Sekunden/ Stufe 5. Schiebe die Stücke mit dem Spatel nach unten und dünste sie mit Öl und Zatar 2 Minuten/ Varoma/ Stufe 1 an.

2. In der Zwischenzeit schälst du Pastinaken und Kartoffeln und schneidest beide Zutaten in grobe Stücke. Gib diese in den Mixtopf dazu und zerkleinere sie 10 Sekunden/ Stufe 5. Anschließend gibst du auch Hühnerbrühe, Salz und Pfeffer dazu und garst die Zutaten 20 Minuten/ 100°C/ Stufe 1.

3. Füge Crème fraîche hinzu und verrühre die Suppe 40 Sekunden/ Stufe 7. Schmecke die Pastinakencremesuppe nochmal mit Salz und Pfeffer ab und serviere sie.

Bauernregel: Ist der Oktober warm und fein, kommt ein scharfer Winter drein. Ist er aber nass und kühl, mild der Winter werden will.

mixtipp: Bestreue die Suppe vor dem Servieren mit frisch gehackter Petersilie oder Koriander.

LANDFRAUENGERICHTE

4 Portionen | 25 Min. | leicht

BADISCHER BUTTERNUT-KÜRBISSALAT

Zubereitungszeit: 10 Minuten
Ruhezeit: mind. 15 Minuten
Zutaten für 4 Portionen

- 250 g Butternutkürbis, geschält, entkernt, in groben Stücken
- 100 g Möhren, geschält, in groben Stücken
- 1 Bund Radieschen, geputzt, halbiert
- 1 Apfel, z.B. Elstar, entkernt, in Vierteln
- 40 g Olivenöl
- 25 g Apfelessig
- 15 g süßer Senf, nach Belieben
- 10 g Agavendicksaft
- Salz & Pfeffer, nach Belieben

1. Wasche den Kürbis, schäle ihn und entkerne ihn mithilfe eines Löffels. Gib das Kürbisfleisch in groben Stücken in den Mixtopf. Schäle die Möhren und gib sie ebenfalls in groben Stücken in den Mixtopf dazu. Wasche und putze die Radieschen, halbiere sie und gib sie in den Mixtopf. Danach entkernst du den Apfel und gibst ihn in Vierteln in den Mixtopf dazu.

2. Gib anschließend Öl, Essig, Senf, Agavendicksaft, Salz und Pfeffer hinzu und zerkleinere alle Zutaten 4 Sekunden/ Stufe 5. Fülle den Salat in eine Schüssel um, schmecke ihn mit Salz und Pfeffer ab und lass ihn mindestens 15 Minuten im Kühlschrank ziehen, bevor du ihn servierst.

Bauernregel
Bringt der Oktober viel Regen, ist's für die Felder ein Segen.

mixtipp

Der Butternutkürbis hat viel Fruchtfleisch und nur eine dünne Schale, er lässt sich also gut schälen. Alternativ kannst du auch den beliebten Hokkaidokürbis verwenden, er kann mit Schale verwendet werden.

BIRNEN-KÄSE-TARTELETTES

 6 Tartelettes | 2 h | mittel

Zubereitungszeit: 30 Minuten
Ruhezeit: 1 Stunde
Backzeit: 30 Minuten, 200°C Ober-/Unterhitze
Utensilien: Frischhaltefolie, 6 Tarteletteförmchen, Ø 12 cm, Backblech, Pfanne
Zutaten für 6 Portionen

Für den Teig:

175 g Butter, kalt + zum Einfetten
2 EL Wasser
50 g Mohn
210 g Weizenmehl, Type 405 + zum Bemehlen
½ TL Salz

Für die Füllung:

3 Birnen, entkernt, in Spalten
400 g Wasser
Saft von 1 Zitrone
4 Eier, Größe M
60 g Milch
125 g Blauschimmelkäse, in groben Stücken
1 TL Thymian, frisch
1 Prise Pfeffer
1 Zwiebel, rot, in Ringen
10 g Butter
50 g Zucker

1. Für den Teig verrührst du Butter, Wasser, Mohn, Mehl und Salz im Mixtopf 1 Minute/ Stufe 3. Danach knetest du den Teig auf einer bemehlten Arbeitsfläche mit bemehlten Händen zu einem glatten Teig, wickelst diesen in Frischhaltefolie und lässt ihn 1 Stunde im Kühlschrank ruhen.

2. Reinige den Mixtopf gründlich. Heize den Backofen auf 200°C Ober-/Unterhitze vor und bereite die Füllung zu.

3. Dafür wäschst du die Birnen, entkernst sie und schneidest sie in Spalten. Gib die Birnenspalten mit Wasser und Zitronensaft in den Mixtopf und koche die Mischung darin 10 Minuten/ Varoma/ Linkslauf/ Sanftrührstufe. Danach gießt du die Birnenspalten durch das Garkörbchen ab und lässt sie gut abtropfen.

4. Nach der Ruhezeit rollst du den Teig auf einer bemehlten Arbeitsfläche etwa 2 cm dick aus und stichst daraus Kreise mit 13 cm Ø aus. Fette die Tarteletteförmchen mit etwas Butter ein, lege die Teigkreise hinein und schneide gegebenenfalls die Teigränder sauber ab.

5. Als Nächstes verrührst du Eier, Milch, Käse, Thymian und Pfeffer im Mixtopf 30 Sekunden/ Stufe 3 und gibst etwas von der Käsemischung in jedes Förmchen. Nun schichtest du die Birnenspalten darauf und verteilst die übrige Käsemischung darüber. Stelle die Tarteletteförmchen auf ein Backblech und backe sie im vorgeheizten Ofen 30 Minuten/ 200°C Ober-/Unterhitze goldbraun.

6. In der Zwischenzeit schälst du die rote Zwiebel und schneidest sie in Ringe. Brate die Ringe in einer heißen Pfanne mit der Butter glasig an.

Danach gibst du den Zucker dazu und lässt ihn mit den Zwiebelringen karamellisieren.

7. 10 Minuten vor Ablauf der Backzeit verteilst du die karamellisierten Zwiebelringe auf den Tartelettes und lässt sie weiterbacken.

mixtipp

Du kannst dieses Rezept variieren, indem du Sesam anstatt Mohn für den Teig verwendest und die Tartelettes mit gebratenen Frühlingszwiebeln garnierst.

1 Kuchen | 1 h 30 Min. | mittel

VÖLKLINGER ZWIEBELKUCHEN

Zubereitungszeit: 20 Minuten
Backzeit: 1 Stunde 10 Minuten, 200°C Umluft
Utensilien: Springform, Ø 28 cm
Zutaten für 1 Kuchen

300 g Gouda, in Stücken

200 g Emmentaler, in Stücken

750 g Zwiebeln, halbiert

250 g Gemüsezwiebel, geviertelt

125 g Butter, weich, in Stücken + zum Einfetten

6 Eier, Größe M

150 g Dinkelmehl, Type 630

250 g Schinken, roh, in Würfeln

1. Als Erstes heizt du den Backofen auf 200°C Umluft vor und fettest die Springform mit etwas Butter ein.

2. Nun gibst du Gouda und Emmentaler in den Mixtopf und zerkleinerst die Käsestücke 8 Sekunden/ Stufe 8. Fülle sie in eine Schüssel um.

3. Schäle dann die Zwiebeln, halbiere bzw. viertele sie und zerkleinere 500 g Zwiebeln im Mixtopf 8 Sekunden/ Stufe 5. Fülle die Stücke in eine separate Schüssel um und zerkleinere die restlichen 500 g Zwiebeln ebenfalls im Mixtopf 8 Sekunden/ Stufe 5. Fülle auch diese Stücke in die Schüssel mit den anderen Zwiebelstücken.

4. Verrühre nun die Butter im Mixtopf 2 Minuten/ Stufe 2. Gib die Eier dazu und rühre diese 1 Minute/ Stufe 2 unter. Danach gibst du Mehl, Schinkenwürfel, Käse und Zwiebelstücke hinzu und verrührst alle Zutaten 1 Minute/ Linkslauf/ Stufe 2. Fülle die Masse anschließend gleichmäßig in die vorbereitete Form und backe den Zwiebelkuchen im vorgeheizten Ofen 1 Stunde 10 Minuten/ 200°C Umluft goldbraun.

Bauernregel
Oktober rau, Januar flau.

mixtipp
Dazu schmeckt ein frischer Salat.

4 Portionen 1 h 10 Min. mittel

KÜRBIS MIT METTBÄLLCHEN

Zubereitungszeit: 25 Minuten
Backzeit: 45 Minuten, 200°C Ober-/Unterhitze
Utensilien: Auflaufform, Pfanne
Zutaten für 4 Portionen

1 Muskatkürbis, entkernt, geschält, in Spalten
1 Gemüsezwiebel, in Ringen
600 g Kartoffeln, festkochend, geschält, geviertelt
6 Stängel Thymian, frisch
5 Stängel Petersilie, frisch
50 g Olivenöl
100 g Marsala
Salz & Pfeffer, nach Belieben
1 TL Paprikapulver, edelsüß
1 Zwiebel, halbiert
500 g Schweinemett
150 g Weißwein
Öl, neutral, z.B. Rapsöl zum Braten + zum Einfetten

1. Heize den Backofen auf 200°C Ober-/Unterhitze vor und fette die Auflaufform ein.

2. Wasche den Kürbis, halbiere ihn und entkerne ihn mithilfe eine Löffels. Schneide den Kürbis in Spalten und verteile sie in der Form.

3. Schäle die Gemüsezwiebel und schneide sie in Ringe. Verteile die Ringe auch in der Form. Schäle die Kartoffeln, viertele sie und verteile sie ebenfalls in der Form.

4. Als Nächstes wäschst du Thymian und Petersilie, tupfst sie trocken und gibst die Blätter zusammen mit Öl, Marsala, Salz, Pfeffer und Paprikapulver in den Mixtopf. Zerkleinere die Mischung 8 Sekunden/ Stufe 8 und vermische sie mit den Zutaten in der Form. Backe den Auflauf nun im vorgeheizten Ofen 45 Minuten/ 200°C Ober-/Unterhitze.

5. In der Zwischenzeit schälst du die Zwiebel, halbierst sie und zerkleinerst sie im Mixtopf 5 Sekunden/ Stufe 5. Schiebe die Stücke mit dem Spatel nach unten und gib das Schweinemett hinzu. Verrühre beide Zutaten 1 Minute/ Linkslauf/ Stufe 3 und forme anschließend mit feuchten Händen kleine Bällchen aus der Masse.

6. Brate nun die Bällchen in einer Pfanne mit heißem Öl rundherum goldbraun an und lass sie auf Küchenpapier abtropfen. Lösche den Bratensaft in der Pfanne mit Weißwein ab, würze die Sauce mit Salz und Pfeffer und lass sie kurz aufkochen. Anschließend verteilst du die Bällchen und die Sauce auf dem Gemüse im Ofen und lässt den Auflauf zu Ende garen.

mixtipp

Verfeinere in Schritt 6 die Sauce mit etwas Sahne und streue etwas Schafskäse über den Auflauf. Das schmeckt einfach köstlich!

4 Portionen | 45 Min. | mittel

REHMEDAILLONS MIT SPITZKOHL UND CRANBERRYSAUCE

Zubereitungszeit: 45 Minuten
Utensilien: Pfanne, Alufolie
Zutaten für 4 Portionen

- 750 g Spitzkohl, geputzt, in feinen Streifen
- Salz & Pfeffer, nach Belieben
- Muskatnuss, gemahlen, nach Belieben
- 500 g Wasser
- 8 Rehmedaillons à 80 g
- 20 g Öl, neutral, z.B. Sonnenblumenöl
- 5 g Zucker, braun
- 10 g Zuckerrübensirup, z.B. von Grafschafter®
- 150 g Portwein
- 5 Pfefferkörner, rot
- 1 EL Balsamicoessig, dunkel
- 50 g Himbeeren
- 50 g Cranberrys
- 1 Zwiebel, halbiert
- 40 g Butter
- 100 g Schmand, alternativ Crème fraîche

1. Zuerst putzt du den Spitzkohl, befreist ihn vom Strunk und schneidest ihn in feine Streifen. Verteile die Kohlstreifen im Varoma. Achte dabei darauf, dass genügend Schlitze frei bleiben, damit der Dampf zirkulieren kann. Würze den Kohl nach Belieben mit Salz, Pfeffer und Muskatnuss.

2. Fülle das Wasser in den Mixtopf und verschließe diesen mit dem Mixtopfdeckel, aber ohne den Messbecher aufzusetzen. Positioniere den Varoma auf dem Mixtopfdeckel. Verschließe den Varoma und stelle sicher, dass alles richtig sitzt, damit kein Dampf unkontrolliert entweichen kann. Gare den Kohl nun 15 Minuten/ Varoma/ Stufe 1.

3. In der Zwischenzeit wäschst du die Rehmedaillons, tupfst sie trocken und brätst sie in einer heißen Pfanne mit Öl von beiden Seiten an. Wickle die Medaillons anschließend in Alufolie und lass sie darin ruhen.

4. Gib den Zucker in die Pfanne, lass ihn karamellisieren. Füge auch Zuckerrübensirup, Portwein, Pfefferkörner und Essig hinzu und löse den karamellisierten Bratensatz 5 Minuten auf. Gib nun Himbeeren und Cranberrys dazu und lass sie auf niedrigster Stufe weitere 5 Minuten köcheln.

5. Nach der Garzeit des Spitzkohls setzt du den Varoma vorsichtig ab und gießt das Garwasser ab. Stelle den Spitzkohl warm.

6. Schäle nun die Zwiebel, halbiere sie und zerkleinere sie im Mixtopf 5 Sekunden/ Stufe 5. Schiebe die Stücke mit dem Spatel nach unten und dünste sie mit der Butter 2 Minuten/ Varoma/ Stufe 1 an. Danach gibst du den Spitzkohl dazu und lässt die Mischung 5 Minuten/ 100°C/ Linkslauf/ Sanftrührstufe kochen. Füge anschließend Schmand hinzu und rühre diesen 1 Minute/ Linkslauf/ Sanftrührstufe unter.

7. Gib schließlich die Rehmedaillons, gegebenenfalls samt ausgetretenem Fleischsaft, zu der Sauce in die Pfanne und erwärme sie darin. Serviere nun den Kohl mit den Rehmedaillons und der Sauce.

4 Portionen | 1 h 20 Min. | mittel

SCHMORFLEISCH AUF BURGUNDER ART

Zubereitungszeit:
1 Stunde 20 Minuten
Zutaten für 4 Portionen

| 4 Stängel Thymian, frisch |
| 10 Stängel Petersilie, frisch |
| 200 g Zwiebeln, halbiert |
| 1 Knoblauchzehe |
| 40 g Olivenöl |
| 900 g Rindergulasch |
| 2 Lorbeerblätter |
| 300 Möhren, geschält, in groben Stücken |
| 300 g Rotwein, z.B. Burgunder |
| 250 g Fleischbrühe |
| Salz & Pfeffer, nach Belieben |
| 400 g Kartoffeln, vorwiegend festkochend, geschält, in groben Stücken |
| 5 g Speisestärke, in etwas Wasser aufgelöst |

1. Wasche die Kräuter, tupfe sie trocken und gib sie in den Mixtopf. Schäle Zwiebeln und Knoblauch, gib halbierte Zwiebeln und Knoblauchzehe in den Mixtopf und zerkleinere die Zutaten 5 Sekunden/ Stufe 5. Schiebe die Stücke mit dem Spatel nach unten, gib das Öl hinzu und dünste die Zutaten 2 Minuten/ Varoma/ Stufe 1.

2. Als Nächstes gibst du Fleisch und Lorbeerblätter dazu und garst die Zutaten 5 Minuten/ Varoma/ Linkslauf/ Stufe 1.

3. In der Zwischenzeit schälst du die Möhren und schneidest sie in grobe Stücke. Gib nach der Garzeit die Möhrenstücke in den Mixtopf dazu und gare die Mischung 10 Minuten/ Varoma/ Linkslauf/ Stufe 1.

4. Lösche die Mischung mit Wein und Fleischbrühe ab und würze sie mit Salz und Pfeffer. Koche die Mischung weitere 45 Minuten/ 100°C/ Linkslauf/ Sanftrührstufe.

5. Schäle in der Zwischenzeit die Kartoffeln, schneide sie in grobe Stücke und würze diese mit Salz. Verteile die Kartoffelstücke im Varoma und achte dabei darauf, dass du genügend Schlitze frei lässt, damit der Dampf zirkulieren kann. 25 Minuten vor Ende der Garzeit, entfernst du den Messbecher und setzt den Varoma auf den Mixtopfdeckel. Verschließe den Varoma und stelle sicher, dass alles richtig sitzt und kein Dampf unkontrolliert entweichen kann.

6. Nach Ablauf der Garzeit setzt du den Varoma vorsichtig ab und stellst die Kartoffeln warm. Löse die Speisestärke in einem Schälchen mit etwas Wasser auf und gib diese durch die Deckelöffnung in den Mixtopf dazu. Lass die Mischung dann 2 Minuten/ 100°C/ Linkslauf/ Sanftrührstufe andicken. Serviere das Fleisch mit den Kartoffeln.

Bauernregel

Wenn's im Oktober friert und schneit, bringt der Jänner milde Zeit.

HERBST

 4 Portionen 1 h leicht

ZANDER MIT RAHMSAUERKRAUT UND KARTOFFELPÜREE

Zubereitungszeit: 1 Stunde
Utensilien: Pfanne
Zutaten für 4 Portionen

Für das Püree:

1000 g Kartoffeln, mehligkochend, geschält, in groben Stücken

500 g Wasser

5 g Salz + nach Belieben

Pfeffer, nach Belieben

100 g Milch

100 g Apfelsaft

90 g Butter, weich, in Stücken

Muskatnuss, gemahlen, nach Belieben

Für das Sauerkraut:

1 Zwiebel, halbiert

10 g Butter

1 Dose Ananas im eigenen Saft à 240 ml, in Stücken

150 g Gemüsebrühe

100 g Sahne

700 g Sauerkraut

Weitere Zutaten:

4 Zanderfilets à 150–200 g mit Haut

Salz & Pfeffer, nach Belieben

etwas Weizenmehl zum Wälzen

Öl, neutral, z.B. Sonnenblumenöl, zum Braten

Bauernregel
Hält der Baum die Blätter lang', macht ein später Winter bang'.

LANDFRAUENGERICHTE

Fortsetzung Seite 84

Fortsetzung

ZANDER MIT RAHMSAUERKRAUT UND KARTOFFELPÜREE

1. Schäle die Kartoffeln und schneide sie in grobe Stücke. Verteile die Kartoffelstücke im Varoma, aber achte dabei darauf, dass genügend Schlitze frei bleiben, damit der Dampf zirkulieren kann. Verschließe den Varoma und fülle Wasser und Salz in den Mixtopf. Verschließe den Mixtopf mit dem Mixtopfdeckel, aber ohne den Messbecher aufzusetzen, und positioniere den Varoma auf dem Mixtopfdeckel. Stelle sicher, dass alles richtig sitzt und kein Dampf unkontrolliert entweichen kann. Gare die Kartoffeln 25 Minuten/ Varoma/ Stufe 1.

2. Setze nach dem Kochen den Varoma vorsichtig ab und gieße das Garwasser ab. Gib die Kartoffeln in den Mixtopf und zerkleinere sie darin mit Milch, Apfelsaft, Butter und Muskatnuss 30 Sekunden/ Stufe 5. Schmecke das Püree anschließend nochmal mit Salz und Muskatnuss ab, fülle es in eine Schüssel um und halte es warm.

3. Reinige den Mixtopf gründlich. Schäle die Zwiebel, gib sie in Hälften in den Mixtopf und zerkleinere sie 5 Sekunden/ Stufe 5. Schiebe die Stücke mit dem Spatel nach unten und dünste sie mit der Butter 2 Minuten/ Varoma/ Stufe 1.

4. Danach gibst du Ananassaft, Ananasstücke, Gemüsebrühe und Sahne in den Mixtopf und lässt die Mischung ohne Messbecher unter Beobachtung 8 Minuten/ 90°C/ Linkslauf/ Stufe 1 köcheln. Gib das Sauerkraut dazu und lass es 10 Minuten/ 100°C/ Linkslauf/ Stufe 1 mit aufgesetztem Messbecher kochen.

5. Währenddessen wäschst du die Zanderfilets, tupfst sie trocken und würzt sie mit Salz und Pfeffer. Anschließend wälzt du sie von beiden Seiten in etwas Mehl und brätst sie in einer Pfanne mit heißem Öl auf der Hautseite an. Nach etwa 3 Minuten wendest du die Filets und brätst sie auch von der anderen Seite an. Halte die Filets nach dem Braten warm.

6. Serviere das Püree mit Rahmsauerkraut und Zanderfilets.

mixtipp
Garniere das Gericht mit frischen Thymianstängeln.

4 Portionen | 4 h 15 Min. | leicht

SCHOKO-ESPRESSO-PANNACOTTA

Zubereitungszeit: 15 Minuten
Kühlzeit: 4 Stunden
Utensilien: 4 Förmchen deiner Wahl
Zutaten für 4 Portionen

- 3 Blatt Gelatine
- 75 g Zucker
- 50 g Zartbitterschokolade, 70 % Kakao, in Stücken
- 50 g Vollmilchschokolade, in Stücken
- 400 g Sahne
- 3 TL Espressopulver, löslich
- 1 Prise Salz

1. Lege die Gelatineblätter in einen tiefen Teller mit Wasser und lass sie darin 3 Minuten einweichen.

2. Währenddessen pulverisierst du den Zucker im Mixtopf 10 Sekunden/ Stufe 10, wartest 2 Minuten, bevor du den Deckel öffnest, da der Zucker sehr staubt und füllst diesen dann in eine separate Schüssel.

3. Nun zerkleinerst du beide Schokoladensorten im Mixtopf 8 Sekunden/ Stufe 8 und füllst sie in eine Schüssel um.

4. Erhitze nun Sahne, Puderzucker, Espressopulver und Salz im Mixtopf 6 Minuten/ 90°C/ Stufe 1 und gib anschließend die ausgedrückten Gelatineblätter und die zerkleinerte Schokolade in den Mixtopf dazu. Koche die Mischung weitere 5 Minuten/ 90°C/ Stufe 2 und verteile sie anschließend in die kalt ausgespülten Förmchen. Stelle die Förmchen 4 Stunden im Kühlschrank kalt.

5. Stürze zum Servieren die Pannacotta aus den Förmchen auf Teller.

Bauernregel
Blüh'n im November die Bäum' auf's Neu', währet der Winter bis zum Mai.

mixtipp
Raspele vor dem Servieren noch etwas Vollmilchschokolade über die Pannacotta und garniere die Teller mit Kaffeebohnen und frischen Minzeblättern.

1 Kuchen | 1 h 10 Min. | mittel

KÜRBISKUCHEN

Zubereitungszeit: 20 Minuten
Backzeit: 50 Minuten, 200°C Ober-/Unterhitze
Utensilien: Springform, Ø 26 cm
Zutaten für 1 Kuchen

---

150 g Mandeln, geschält

150 g Zucker

150 g Hokkaidokürbis, entkernt, in groben Stücken

1 Apfel, z.B. Braeburn, entkernt, in Vierteln

125 g Butter, weich, in Stücken + zum Einfetten

1 Päckchen Vanillezucker

1 Prise Salz

3 Eier, Größe M

100 g Weizenmehl, Type 405

½ Päckchen Backpulver

Puderzucker zum Bestäuben

---

1. Zerkleinere zuerst die Mandeln im Mixtopf 10 Sekunden/ Stufe 10 und fülle sie in ein Schälchen um.

2. Pulverisiere als nächstes den Zucker im Mixtopf 10 Sekunden/ Stufe 10 und warte 2 Minuten, bevor du den Deckel öffnest, da der Zucker sehr staubt. Fülle den Puderzucker anschließend in eine Schüssel um.

3. Wasche den Kürbis, halbiere ihn und entkerne ihn mithilfe eines Löffels. Schneide ihn in grobe Stücke und gib diese in den Mixtopf. Wasche den Apfel, schneide ihn in Viertel und entkerne ihn. Gib auch diesen in den Mixtopf dazu und zerkleinere beide Zutaten 10 Sekunden/ Stufe 10. Falls dir die Stücke noch zu grob sind, schiebe sie mit dem Spatel nach unten und zerkleinere die Mischung erneut 5 Sekunden/ Stufe 8. Fülle sie anschließend in eine Schüssel um.

4. Heize den Backofen auf 200°C Ober-/Unterhitze vor und fette die Springform mit etwas Butter ein.

5. Verrühre nun für den Teig Butter, 110 g Puderzucker, Vanillezucker und Salz im Mixtopf 2 Minuten/ Stufe 2.

6. Gib Eier, Mehl, Mandeln und Backpulver dazu und rühre die Zutaten 2 Minuten/ Stufe 3 unter.

7. Danach gibst du die Kürbis-Apfel-Mischung in den Mixtopf dazu und verrührst die Zutaten 1 Minute/ Teigknetstufe zu einem Teig. Verteile den Teig gleichmäßig in die vorbereitete Form und backe den Kuchen im vorgeheizten Ofen 50 Minuten/ 200°C Ober-/Unterhitze.

8. Prüfe nach dem Backen mit einem Stäbchen, ob noch Teig an dem Stäbchen haften bleibt und verlängere gegebenenfalls die Einstellung um einige Minuten. Lass den Kuchen nach dem Backen auskühlen und bestäube ihn vor dem Servieren mit dem restlichen Puderzucker.

WINTER

Winternacht

Verschneit liegt rings die ganze Welt,
Ich hab' nichts, was mich freuet,
Verlassen steht der Baum im Feld,
Hat längst sein Laub verstreuet.

Der Wind nur geht bei stiller Nacht
Und rüttelt an dem Baume,
Da rührt er seinen Wipfel sacht
Und redet wie im Traume.

Er träumt von künft'ger Frühlingszeit,
Von Grün und Quellenrauschen,
Wo er im neuen Blütenkleid
Zu Gottes Lob wird rauschen.

Joseph von Eichendorff

4 Portionen | 1 h 30 Min. | leicht

MARKKLÖSSCHEN

Zubereitungszeit: 30 Minuten
Kühlzeit: 1 Stunde
Utensilien: feines Sieb, Frischhaltefolie
Zutaten für 4 Portionen

100 g Mark aus 4–5 Markknochen vom Rind
2 Brötchen, vom Vortag, eingeweicht
¾ TL Salz
Pfeffer, nach Belieben
2 Prisen Muskatnuss, gemahlen
1 EL Schnittlauch, frisch, in Röllchen
10 g Weizenmehl, Type 405
2 Eier, Größe M

1. Als Erstes erhitzt du das Mark im Mixtopf 4 Minuten/ 90°C/ Stufe 3 und siebst es anschließend durch ein feines Sieb in ein Schälchen.

2. Währenddessen lässt du die Brötchen in etwas Wasser einweichen. Außerdem reinigst und trocknest du den Mixtopf.

3. Gib das gesiebte Mark zusammen mit ausgedrückten Brötchen, Salz, Pfeffer, Muskatnuss, Schnittlauch, Mehl und Eiern in den Mixtopf und verrühre die Zutaten 30 Sekunden/ Stufe 3. Fülle die Masse in eine Schüssel um, decke diese mit Frischhaltefolie ab und stelle sie 1 Stunde im Kühlschrank kalt.

4. Nach der Kühlzeit kochst du reichlich Salzwasser in einem Kochtopf auf und formst mithilfe von zwei feuchten Löffeln oder mit feuchten Händen gleich große Klößchen aus der Masse. Gare die Klößchen ca. 15 Minuten im heißen Salzwasser, es darf nicht mehr kochen. Die Klößchen sind gar, wenn sie an die Oberfläche steigen.

Bauernregel
Auf kalten Dezember mit tüchtigem Schnee folgt ein fruchtbar' Jahr mit reichlich Klee.

mixtipp
Serviere die Markklößchen in einer schmackhaften Rindfleischsuppe oder Brühe.

LANDFRAUENGERICHTE

BERGKÄSEKNÖDEL

 4 Portionen 35 Min. mittel

Zubereitungszeit: 35 Minuten
Zutaten für 4 Portionen

250 g Brötchen, vom Vortag, in groben Stücken
250 g Milch, warm
200 g Bergkäse, in groben Stücken, z.B. Appenzeller
1 Zwiebel, halbiert
10 g Butter
Salz & Pfeffer, nach Belieben
Muskatnuss, nach Belieben
2 Eier, Größe M
Semmelbrösel, nach Bedarf

1. Schneide die Brötchen in grobe Stücke, übergieße sie in einer Schüssel mit warmer Milch und lass sie darin einweichen.

2. Zerkleinere nun den Käse im Mixtopf 8 Sekunden/ Stufe 8 und fülle ihn in eine Schüssel um.

3. Schäle die Zwiebel, halbiere sie und zerkleinere sie im Mixtopf 5 Sekunden/ Stufe 5. Schiebe die Stücke mit dem Spatel nach unten und dünste diese in der Butter 2 Minuten/ Varoma/ Stufe 1.

4. Danach drückst du die Brötchenstücke mit den Händen vorsichtig aus und gibst sie mit 150 g zerkleinertem Käse in den Mixtopf dazu. Würze die Mischung mit Salz, Pfeffer und Muskatnuss und vermenge die Zutaten 1 Minute/ Linkslauf/ Stufe 2.

5. Gib die Eier in den Mixtopf dazu und rühre sie 1 Minute/ Linkslauf/ Stufe 2 unter. Prüfe, ob sich aus dem Teig Knödel formen lassen. Gib gegebenenfalls Semmelbrösel oder etwas Milch dazu und rühre sie 40 Sekunden/ Linkslauf/ Stufe 2 unter.

6. Forme nun mit feuchten Händen gleich große Knödel aus dem Teig und lass diese ca. 20 Minuten in einem Kochtopf mit heißem Salzwasser garziehen. Wende die Knödel zwischendurch vorsichtig. Die Knödel sind gar, wenn sie an der Oberfläche schwimmen. Nach dem Kochen nimmst du die Knödel mithilfe einer Schaumkelle vorsichtig aus dem Wasser und lässt sie abtropfen. Bestreue sie zu guter Letzt mit den übrigen 50 g Käse.

mixtipp
Serviere die Knödel z.B. mit einem würzigen Feldsalat oder einer hellen Pilzsauce.

mixtipp

Wenn Knödel übrigbleiben, was eher selten passiert, kannst du diese am nächsten Tag in Scheiben schneiden und in einer Pfanne mit etwas Butter von beiden Seiten goldbraun braten. So schmecken sie einfach köstlich!

4 Portionen | 15 Min. | leicht

KÄSEFONDUE

Zubereitungszeit: 15 Minuten
Utensilien: Fonduetopf,
Rechaud, Fonduegabeln
Zutaten für 4 Portionen

| 1 Knoblauchzehe, klein |
| 150 g Emmentaler, in groben Stücken, alternativ andere Käsesorten |
| 200 g Gruyère, in groben Stücken |
| 150 g Appenzeller, in groben Stücken |
| 250 g Weißwein |
| 80 g Kirschwasser |
| 10 g Speisestärke |
| ½ TL Pfeffer, weiß |
| ½ TL Paprikapulver, edelsüß |
| Muskatnuss, gemahlen, nach Belieben |
| 1 Baguette, in Würfeln |

1. Schäle den Knoblauch und zerkleinere ihn im Mixtopf 5 Sekunden/ Stufe 5. Schiebe die Stücke mit dem Spatel nach unten.

2. Schneide Emmentaler, Gruyère und Appenzeller in grobe Stücke und zerkleinere die Käsesorten ebenfalls im Mixtopf 8 Sekunden/ Stufe 8. Schiebe die Stücke mit dem Spatel nach unten und gib den Weißwein hinzu. Verrühre die Zutaten 10 Minuten/ 90°C/ Stufe 2.

3. Währenddessen verrührst du in einem Schälchen Kirschwasser mit Speisestärke und gibst die Mischung durch die Deckelöffnung in den Mixtopf dazu.

4. Füge anschließend Pfeffer, Paprikapulver und Muskatnuss hinzu und koche die Mischung weitere 3 Minuten/ 100°C/ Stufe 3. Fülle die Mischung danach in einen Fonduetopf und halte den Topf auf einen Rechaud warm.

5. Schneide jetzt das Baguette in mundgerechte Würfel und tunke diese mithilfe von Fonduegabeln in die Käsemischung.

mixtipp
Verfeinere die Käsemischung mit deinen Lieblingskräutern z.B. Schnittlauch oder Thymian.

NIEDERSÄCHSISCHER KARTOFFELAUFLAUF

 4 Portionen 1 h leicht

Zubereitungszeit: 30 Minuten
Backzeit: 30 Minuten, 200°C Ober-/Unterhitze
Utensilien: Auflaufform
Zutaten für 4 Portionen

200 g Gruyère, in Stücken
1000 g Kartoffeln, festkochend, geschält, in Scheiben
500 g Wasser
5 g Salz + nach Belieben
1 Bund Petersilie, frisch
3 Zwiebeln, halbiert
1 Knoblauchzehe
3 Mettwürste, in Scheiben
50 g Butter + zum Einfetten
150 g Crème fraîche
200 g Sahne
30 g Dijonsenf
2 Eier, Größe M
Salz & Pfeffer, nach Belieben

1. Zerkleinere zuerst den Käse im Mixtopf 8 Sekunden/ Stufe 8 und fülle ihn in eine Schüssel um.

2. Schäle die Kartoffeln, schneide sie in Scheiben und verteile sie im Varoma. Achte dabei darauf, dass du genügend Schlitze frei lässt, damit der Dampf zirkulieren kann. Fülle Wasser und Salz in den Mixtopf und verschließe ihn mit dem Mixtopfdeckel, aber ohne den Messbecher aufzusetzen. Positioniere den Varoma auf dem Mixtopfdeckel und verschließe ihn. Prüfe, ob alles richtig sitzt und kein Dampf unkontrolliert entweichen kann. Gare die Kartoffelscheiben 20 Minuten/ Varoma/ Stufe 1.

3. Heize währenddessen den Backofen auf 200°C Ober-/Unterhitze vor und fette die Auflaufform ein. Schneide die Mettwürste in Scheiben. Schäle Zwiebeln und Knoblauch und halbiere die Zwiebeln.

4. Nach dem Kochen setzt du den Varoma vorsichtig ab und verteilst die gekochten Kartoffelscheiben mit den Mettwurstscheiben in die vorbereitete Form. Gieße das Garwasser ab und spüle den Mixtopf kalt aus.

5. Als Nächstes zerkleinerst du vier Zwiebelhälften mit dem Knoblauch im Mixtopf 5 Sekunden/ Stufe 5 und schiebst die Stücke mit dem Spatel nach unten. Füge Butter, Crème fraîche, Sahne, Dijonsenf, Eier, Salz, Pfeffer und zerkleinerten Gruyère dazu und verrühre die Zutaten 15 Sekunden/ Stufe 3. Verteile die Sauce gleichmäßig über den Zutaten in der Form. Schneide die übrigen Zwiebelhälften in Streifen und streue sie über den Auflauf. Backe den Auflauf im vorgeheizten Ofen 30 Minuten/ 200°C Ober-/Unterhitze.

mixtipp

Bestreue den Kartoffelauflauf mit gehackter Petersilie. Einen mediterranen Pfiff bekommt er, wenn du in Punkt 5 mit Zwiebeln und Knoblauch 100 g entkernte Oliven zerkleinerst.

WINTER

4 Portionen   1 h 20 Min.   mittel

MALZBIERGULASCH

Zubereitungszeit:
1 Stunde 20 Minuten
Zutaten für 4 Portionen

2 Zwiebeln, halbiert

1 Knoblauchzehe

40 g Rapsöl

1 TL Paprikapulver, edelsüß

3 Prisen Pfeffer, weiß

800 g Rindergulasch

2 Lorbeerblätter

½ TL Zimt

Salz & Pfeffer, nach Belieben

500 g Malzbier

40 g Tomatenmark

100 g Ajvar, mild

1 TL gekörnte Fleischbrühe

200 g Möhren, geschält, in groben Stücken

300 g Kartoffeln, vorwiegend festkochend, geschält, in groben Stücken

100 g Staudensellerie, in groben Stücken

1. Als Erstes schälst du Zwiebeln und Knoblauch und gibst die Zwiebeln halbiert zusammen mit Knoblauch in den Mixtopf. Zerkleinere beide Zutaten 5 Sekunden/ Stufe 5 und schiebe die Stücke mit dem Spatel nach unten. Dünste nun die Stücke mit Öl, Paprikapulver und Pfeffer 2 Minuten/ Varoma/ Stufe 1 an.

2. Gib Fleisch und Lorbeerblätter hinzu und gare die Zutaten 10 Minuten/ 100°C/ Linkslauf/ Stufe 1. Danach fügst du Zimt, Salz, Pfeffer, Malzbier, Tomatenmark, Ajvar und gekörnte Brühe hinzu und garst die Zutaten weitere 20 Minuten/ 100°C/ Linkslauf/ Sanftrührstufe.

3. In der Zwischenzeit schälst du Möhren und Kartoffeln und schneidest sie mit dem Staudensellerie in grobe Stücke. Nach der Kochzeit gibst du die Zutaten in den Mixtopf dazu und lässt das Gulasch weitere 25 Minuten/ 100°C/ Linkslauf/ Sanftrührstufe köcheln. Prüfe danach, ob das Fleisch weich genug gekocht ist und verlängere gegebenenfalls die Einstellung um ein paar Minuten.

Bauernregel

Wer sein Holz nach Weihnachten fällt, dessen Gebäude zehnfach hält.

mixtipp

Bestreue das Gericht vor dem Servieren mit frisch gehackter Petersilie.

4 Portionen 45 Min. leicht

KABELJAU MIT SENFSAUCE UND PELLKARTOFFELN

Zubereitungszeit: 45 Minuten
Zutaten für 4 Portionen

600 g Kartoffeln, vorwiegend festkochend, klein

500 g Wasser

5 g Salz + nach Belieben

4 Kabeljaufilets à 150–200 g

Pfeffer, nach Belieben

1 Zwiebel, halbiert

20 g Öl, neutral, z.B. Sonnenblumenöl

100 g Weißwein

1 ½ EL Senf, körnig

30 g Crème fraîche

1. Wasche die Kartoffeln und verteile sie in den Varoma-Einlegeboden. Fülle Wasser und Salz in den Mixtopf und hänge das Garkörbchen ein. Verschließe den Mixtopf mit dem Mixtopfdeckel, aber ohne den Messbecher einzusetzen.

2. Wasche die Kabeljaufilets, tupfe sie trocken, würze sie mit Salz und Pfeffer und lege sie in den Varoma. Achte darauf, dass du genügend Schlitze frei lässt, damit der Dampf zirkulieren kann und setze den Varoma-Einlegeboden ein. Verschließe den Varoma. Falls sich der Varomadeckel nicht richtig aufsetzen lässt, verschließe den Varoma mit Alufolie. Positioniere den Varoma auf dem Mixtopfdeckel und prüfe, ob alles richtig sitzt und kein Dampf unkontrolliert entweichen kann. Gare die Zutaten nun 20 Minuten/ Varoma/ Stufe 1.

3. Nach der Garzeit entfernst du vorsichtig den Varoma und stellst den Fisch und die Kartoffeln warm. Gieße das Garwasser ab und fange dabei 200 g Garwasser in einer Schüssel auf. Ergänze die Menge gegebenenfalls mit Gemüsebrühe.

4. Schäle die Zwiebel, halbiere sie und zerkleinere sie im Mixtopf 5 Sekunden/ Stufe 5. Schiebe die Stücke mit dem Spatel nach unten und dünste sie mit dem Öl 2 Minuten/ Varoma/ Stufe 1 an. Danach gibst du Weißwein, Senf und aufgefangenes Garwasser dazu und lässt die Mischung 10 Minuten/ Varoma/ Stufe 1 ohne Messbecher kochen. Danach gibst du Crème fraîche, Salz und Pfeffer hinzu und verrührst die Sauce 30 Sekunden/ Stufe 2.

5. Pelle die Kartoffeln und serviere sie mit den Fischfilets und der Sauce.

mixtipp
Verfeinere die Sauce mit Kräutern und serviere einen frischen Salat dazu.

180 g · 5 Min. · leicht

BRATENAUFSTRICH

Zubereitungszeit: 5 Minuten
Zutaten für 180 g

10 g Rosmarinnadeln, frisch, gewaschen und trockengetupft

200 g Bratenreste, in Stücken

30 g Butter, weich

150 g Schmand

5 g Senf, mittelscharf

Salz & Pfeffer, nach Belieben

1. Wasche als Erstes die Rosmarinnadeln, tupfe sie mit einem Küchentuch trocken und zerkleinere sie im Mixtopf 5 Sekunden/ Stufe 5. Fülle sie anschließend in eine separate Schale um.

2. Schneide die Bratenreste in Stücke und zerkleinere sie im Mixtopf 8 Sekunden/ Stufe 5. Schiebe die Reste mithilfe des Spatels nach unten, füge Rosmarin sowie Butter, Schmand und Senf hinzu. Mische die Zutaten 10 Sekunden/ Stufe 3. Würze den Bratenaufstrich mit Salz und Pfeffer nach Belieben.

mixtipp
Statt Rosmarin kannst du auch Estragon verwenden und wenn du Meerrettich magst, ersetze einfach den Senf damit.

Bauernregel
Weihnachten im Schnee, Ostern im Klee.

LANDFRAUENGERICHTE

1 Blech   1 h 5 Min.   leicht

KARTOFFELSTANGEN

Zubereitungszeit: 20 Minuten
Kühlzeit: 30 Minuten
Backzeit: 15 Minuten, 210°C Ober-/Unterhitze
Utensilien: Backblech und -papier
Zutaten für 1 Blech

150 g Parmesan, in Stücken
60 g Kürbiskerne, gehackt
300 g Kartoffeln, mehligkochend, geschält, in Vierteln
500 g Wasser
5 g Salz
100 g Butter
300 g Dinkelmehl, Type 630
2 Eier, Größe M
5 g Meersalz, grob

1. Als Erstes zerkleinerst du den Parmesan im Mixtopf 10 Sekunden/ Stufe 10 und füllst ihn in ein Schälchen um. Zerkleinere auch die Kürbiskerne 6 Sekunden/ Stufe 10 und fülle sie in ein Schälchen um.

2. Schäle die Kartoffeln und gib sie in Vierteln in das Garkörbchen. Fülle Wasser und Salz in den Mixtopf und hänge das Garkörbchen ein. Koche die Kartoffeln darin 25 Minuten/ Varoma/ Stufe 1. Nach dem Kochen entfernst du vorsichtig das Garkörbchen mithilfe des Spatels und gießt das Garwasser ab. Zerkleinere die Kartoffeln im Mixtopf 10 Sekunden/ Stufe 5 und lass das Püree 30 Minuten ohne Mixtopfdeckel abkühlen.

3. Gib nach der Kühlzeit Butter, Mehl und 1 Ei in den Mixtopf dazu und verrühre die Zutaten 1 Minute/ Teigknetstufe zu einem Teig.

4. Währenddessen heizt du den Backofen auf 210°C Ober-/Unterhitze vor und legst ein Backblech mit Backpapier aus.

5. Rolle den Teig auf dem Blech rechteckig aus und verquirle in einem Schälchen das übrige Ei. Bestreiche damit den Teig und bestreue die Hälfte des Teiges mit geriebenem Parmesan und den Kürbiskernen. Lege die freie Teighälfte über die bestreute Teighälfte und drücke sie gut an. Bestreiche die Teigfläche mit verquirltem Ei, bestreue sie mit grobem Meersalz und schneide sie an der kurzen Seite in 2 cm dicke Streifen. Verteile sie auf dem vorbereiteten Blech. Backe die Kartoffelstangen im vorgeheizten Ofen 15 Minuten/ 210°C Ober-/Unterhitze.

BIRNEN-SPEKULATIUS-CRUMBLE

4 Portionen | 40 Min. | leicht

Zubereitungszeit: 20 Minuten
Backzeit: 20 Minuten, 200°C Ober-/Unterhitze
Utensilien: 4 ofenfeste Förmchen zum Servieren à 200 ml
Zutaten für 4 Portionen

2 Birnen, geschält, entkernt, in Würfeln
Mark von 1 Vanilleschote
45 g Zucker, braun
4 EL Zitronensaft
1 Prise Zimt
70 g Cranberrys
50 g Mandeln
80 g Butter, weich, in Stücken + zum Einfetten
100 g Weizenmehl, Type 405
1 Prise Salz
½ TL Spekulatiusgewürz

1. Schäle die Birnen, entkerne sie und gib sie in Würfeln zusammen mit Vanillemark, 15 g Zucker, Zitronensaft und Zimt in den Mixtopf. Koche die Mischung 10 Minuten/ 100°C/ Linkslauf/ Stufe 1. Füge danach die Cranberrys hinzu und rühre sie 1 Minute/ 100°C/ Linkslauf/ Stufe 1 unter. Fülle das Kompott anschließend in eine Schüssel um.

2. Reinige den Mixtopf gründlich und trockne ihn ab.

3. Zerkleinere die Mandeln im Mixtopf 8 Sekunden/ Stufe 8 und schiebe die Stücke mit dem Spatel nach unten. Gib die Butter hinzu und verrühre sie mit den Mandeln 1 Minute/ 50°C/ Stufe 1. Danach gibst du die restlichen 30 g Zucker, Mehl, Salz und Spekulatiusgewürz hinzu und verrührst die Zutaten 1 Minute/ Teigknetstufe zu Streuseln.

4. Heize den Backofen auf 200°C Ober-/Unterhitze vor und fette die Förmchen mit etwas Butter ein.

5. Stelle die Förmchen auf ein Backblech und verteile das Kompott gleichmäßig in die Gläser. Verteile auch die Streusel gleichmäßig in die Förmchen und backe sie im vorgeheizten Ofen 20 Minuten/ 200°C Ober-/Unterhitze goldbraun. Serviere die Crumbles noch warm.

6 Portionen 15 Min. leicht

LANDFRAUENKAFFEE

Zubereitungszeit: 15 Minuten
Zutaten für 6 Portionen

2 Eigelb, Größe M
50 g Zucker
1 Prise Salz
½ Vanilleschote
1 Zimtstange
1 Stück Sternanis
1 Nelke
500 g Milch
500 g Kaffee
150 g Sahne
50 g brauner Rum
50 g Amaretto

Stark und süß und voller Power! Genau wie die Landfrauen.

1. Gib zunächst Eigelb, Zucker und Salz in den Mixtopf. Verrühre die Zutaten 30 Sekunden/ Stufe 3.

2. Halbiere die Vanilleschote und kratze das Mark heraus. Füge Vanillemark, Vanilleschote, Zimtstange, Sternanis, Nelke und Milch in den Mixtopf hinzu. Erhitze die Zutaten 8 Minuten/ 70°C/ Linkslauf/ Stufe 2.

3. Bereite in der Zwischenzeit den Kaffee zu.

4. Gib Sahne, Rum, Amaretto und Kaffee durch die Deckelöffnung zu der Würzmilch und erhitze die Zutaten weitere 2 Minuten/ 70°C/ Linkslauf/ Stufe 2.

5. Gieße den Landfrauenkaffee durch das Garkörbchen in Tassen.

Bauernregel
Am Neujahrstage Sonnenschein lässt das Jahr uns fruchtbar sein.

mixtipp
Natürlich kannst du mit den Gewürzen spielen. Wenn du etwas nicht magst, lass es einfach weg und nimm stattdessen dein Lieblingsgewürz.

LANDFRAUENGERICHTE

JETZT GRATIS EXEMPLAR SICHERN!

Sichern Sie sich zum Kennenlernen der **MIXX-Zeitschrift** jetzt ein **Gratis-Exemplar** im Wert von 4,90 €!

Jetzt anfordern!

| Name | Vorname |

| Adresse |

☐ Ja, schicken Sie mir Ihren kostenlosen E-Mail-Newsletter und halten Sie mich über Neuheiten und Sonderangebote des Heel-Verlags auf dem Laufenden.

| E-Mail-Adresse |

Der HEEL Verlag erhebt Ihre Daten zum Zweck der Vertragsdurchführung, zur Erfüllung der vertraglichen und vorvertraglichen Pflichten. Die Datenerhebung und Datenverarbeitung ist für die Durchführung des Vertrags erforderlich und beruht auf Artikel 6 Abs. 1 b DSGVO. Zudem verwenden wir Ihre Angaben zur Werbung für eigene und HEEL-verwandte Produkte und falls gewünscht zum Versand des kostenlosen E-Mail-Newsletters. Sie können sich jederzeit vom Newsletter abmelden. Falls Sie keine Werbung mehr auf dieser Grundlage erhalten wollen, können Sie jederzeit widersprechen. Weitere Infos zum Datenschutz: ds.heel-verlag.de

_____

Datum / Unterschrift

Teilnahmebedingungen: Dieser Gutschein ist nur auf postalischem Weg einzulösen. Pro Person nur ein Gutschein gültig.

HEEL Verlag GmbH • MIXX-Redaktion
Pottscheidt 1 • 53639 Königswinter
Tel.: 02223/9230-0 • Fax: 02223/9230-13/26 • www.heel-verlag.de